Lucian's
On the Syrian Goddess

An Intermediate Greek Reader

Greek text with running vocabulary and commentary

Evan Hayes
and
Stephen Nimis

Lucian's *On the Syrian Goddess*: An Intermediate Greek Reader
Greek text with Running Vocabulary and Commentary

First Edition
(Revised Dec. 2012)

© 2012 by Evan Hayes and Stephen Nimis

All rights reserved. Subject to the exception immediately following, this book may not be reproduced, in whole or in part, in any form (beyond copying permitted by Sections 107 and 108 of the U.S. Copyright Law and except by reviewers for the public press), without written permission from the publisher.

The authors have made a version of this work available (via email) under a Creative Commons Attribution-Noncommercial-Share Alike 3.0 License. The terms of the license can be accessed at creativecommons.org.

Accordingly, you are free to copy, alter and distribute this work under the following conditions:

1. You must attribute the work to the author (but not in a way that suggests that the author endorses your alterations to the work).
2. You may not use this work for commercial purposes.
3. If you alter, transform or build up this work, you may distribute the resulting work only under the same or similar license as this one.

The Greek text is based on the Loeb edition of Lucian, first published in 1921.

Unless otherwise noted, all images appearing in this edition are in the public domain. Those images under copyright may not be reproduced without permission from the artist.

ISBN: 978-0-9832228-8-0

Published by Faenum Publishing, Ltd.
Cover Design: Evan Hayes
Cover Image: Two belly dancers (Lys and Lyn Gamal) at the Eden Roc Hotel in Miami Beach, Florida, 1958

Fonts: Gentium (Open Font License)
        GFS Porson (Open Font License)

nimissa@muohio.edu
hayesee@muohio.edu

Table of Contents

Introduction .... ix-xii

Notes on Ionic Greek .... xv-xviii

Abbreviations xix

Text and Commentary 1-87

Grammatical topics:
    Common Ionic words 4
    Loss of aspiration (*psilosis*) 10
    Dative Plurals 12
    The Different Meanings of αὐτός 14
    Time and Aspect: Translating the Aorist Participle 19
    Third Declension –ις Nouns 35
    Lack of Augment in Past Tenses 40

List of verbs 91-97

Glossary 101-114

Acknowledgments

The idea for this project grew out of work that we, the authors, did with support from Miami University's Undergraduate Summer Scholars Program, for which we thank Martha Weber and the Office of Advanced Research and Scholarship. The Miami University College of Arts and Science's Dean's Scholar Program allowed us to continue work on the project and for this we are grateful to the Office of the Dean, particularly to Phyllis Callahan and Nancy Arthur for their continued interest and words of encouragement.

Work on the series, of which this volume is a part, was generously funded by the Joanna Jackson Goldman Memorial Prize through the Honors Program at Miami University. We owe a great deal to Carolyn Haynes, and the 2010 Honors & Scholars Program Advisory Committee for their interest and confidence in the project.

The technical aspects of the project were made possible through the invaluable advice and support of Bill Hayes, Christopher Kuo, and Daniel Meyers. The equipment and staff of Miami University's Interactive Language Resource Center were a great help along the way. We are also indebted to the Perseus Project, especially Gregory Crane and Bridget Almas, for their technical help and resources.

We owe special thanks to Carolyn DeWitt and Kristie Fernberg, whose administrative support, patience, and good humor were essential for the completion of this manuscript.

We also profited greatly from advice and help on the POD process from Geoffrey Steadman. All responsibility for errors, however, rests with the authors themselves.

Helen Jacob Abdo
Syriae matri aviaeque almae

Introduction

The aim of this book is to make Lucian's *On the Syrian Goddess* accessible to intermediate students of Ancient Greek. The running vocabulary and commentary are meant to provide everything necessary to read each page. The commentary is almost exclusively grammatical, explaining subordinate clauses, conditions etc., unusual verb forms, and dialectic peculiarities. The page by page vocabularies gloss all but the most common words. We have endeavored to make these glossaries as useful as possible without becoming fulsome. A glossary of all words occurring three or more times in the text can be found as an appendix in the back, but it is our hope that most readers will not need to use this appendix often. Brief summaries of a number of grammatical and morphological topics are interspersed through the text as well, and there is a list of verbs used by Lucian that have unusual forms in an appendix. The principal parts of those verbs are given there rather than in the glossaries. We have provided brief explanations of allusions and proper names, but the comprehensive commentary by J. L. Lightfoot can be consulted for details on the literary and religious character of the work, and she includes a generous bibliography of critical studies of the text.

Lucian's *On the Syrian Goddess* is a great text for intermediate readers. The simple sentence structure and straightforward presentation make it easy and enjoyable to read, while its subject matter, the cult and sanctuary of Atargatis in Hierapolis, is interesting at many levels. The author recounts personal observations about the worship of this Near Eastern goddess, whose cult included numerous exotic practices, such as temple prostitution and self-castration. There is a version of the Near Eastern flood story as well as unusual versions of myths familiar from Greek mythology. In addition, the author has crafted a careful imitation of the Ionic prose of Herodotus, a dialect that existed only as a literary artifact at the time of the work's composition. Who wrote this peculiar work and why?

The text survives among the works of Lucian of Samosata, one of antiquity's cleverest authors and a frequent critic of religious hypocrisy. The pious narrator of *De Dea Syria* is most unlike the Lucian of Samosata that we know from his other works dealing with religion, leading critics to doubt its authenticity or to understand it is a clever parody performed with tongue in cheek. Lightfoot deals with these questions at length and concludes that the work is in fact that of a master imitator, such as we know Lucian to be. From a literary standpoint, the work mingles incredible matters into a rational account under the cover of mild credulity, much like its model, the *Histories* of Herodotus. Lightfoot prefers the term "pastiche" to "parody," understanding that the former does not seek specifically to mock what it imitates. She concludes that although *On the Syrian Goddess* is not satirical in the manner of many of Lucian's works, it is consistent with important themes in his works, particularly with his penchant for multiple perspectives and complicated attitudes toward "Greek" and "barbarian." She notes further that religion, being an arena in which the non-Greek could most easily find a place within the Greek cultural framework, was a major area where patriotic localism could coexist with allegiance to the political center (Rome) or the cultural center (Greece). "And not only coexist with it, but also gain ground against it." (p. 207)

Among those contesting Lucian's authorship, T. Polanski has made the intriguing suggestion that the work dates from the fourth or fifth century CE, and that the outlandish account of the practice of climbing to the top of giant phalluses (section 28) is meant to parody Christian ascetics such as Simon Stylites, who lived for 37 years atop a pillar in northern Syria. Polanski also highlights the unique character of this text among descriptions of artworks in imperial Greek literature. He argues that the Greek genre of literary description of art--especially prominent in imperial literature by authors such as Philostratus and Plutarch as well as Lucian himself--was unable to account adequately for the artistic achievements of the near eastern predecessors of classical Greece. The peculiar characteristics of *On the Syrian Goddess*, he asserts, stem from its attempt to grasp and describe "oriental" art in a completely different way. So, for example, the goddess who is the main subject of this work, Atargatis--whose name is known to us from coins and images--is referred to only as the "Assyrian Hera." Other deities mentioned in connection with her are also identified by their Greek equivalents, such as Zeus for Hadad, the consort of Atargatis. But while the author regularly makes this important indication of his intended (Greek-speaking) audience, he is also quite careful to present details that highlight the local and exotic character of his subject matter, details that have often proved to be authentic by reference to the archaeological record. Indeed, despite the persistence of the Herodotean practice of "Hellenizing" various cults and deities from the near east, *On the Syrian Goddess* stands apart by its intimate enthusiasm for its subject matter.

The Greek text contained in this volume is based on the Loeb edition of Lucian, first published in 1921 and now in the public domain. This Greek text was made available by the Perseus Project via a Creative Commons License, as is our version. We have made a few minor changes to the Loeb text in the name of readability. This is not a scholarly edition; for that the reader is referred to the OCT edited by M. D. Macleod.

A Note on the Images:

Throughout the text, we have included images of relevant works of art from antiquity to enhance the reader's experience of the text. A few are in the public domain, but they are largely the work of Stéphane Beaulieu, a student of comparative religions and illustrator. Please note that the Creative Commons license under which this volume is distributed does NOT apply to these images. The artist retains full copyright, and anyone wishing to reproduce these images must contact him directly to obtain permission:

Stéphane Beaulieu, mytras@hotmail.com.

Suggested reading:

J.L. Lightfoot. *On the Syrian Goddess: translation and commentary.* Oxford; New York: Oxford University Press, 2003.

L. Dirven. "The Author of the *De Dea Syria* and his Cultural Heritage." *Numen* 44 (1997), 153-97.

J. Elsner. "Describing Self in the Language of the Other: Pseudo(?) Lucian at the Temple of Hierapolis," in S. Goldhill (ed) *Being Greek under Rome: Cultural Identity, the Second Sophistic and the Development of Empire* (Cambridge, 2001), 123-53.

------------ "The Origins of the Icon : Pilgrimage, Religion and Visual Culture in the Roman East as « Resistance » to the Centre," in S. E. Alcock (ed.) *The Early Roman Empire in the East* (Oxford, Oxbow Books, 1997), 178-99.

R. A. Oden, Jr. *Studies in Lucian's De Syria dea.* Missoula, Mont.: Scholars Press, 1977.

Tomasz Polanski. *Oriental Art in Greek Imperial Literature.* Trier: Wissenschaftlicher Verlag Trier, 1998.

How to use this book:

The presentation assumes the reader has a basic acquaintance with Greek grammar. Generally, particles have not been included in the page-by-page glossaries, along with other common nouns and adjectives. If necessary, all of these words can be found in the glossary at the end. Verbs, being a special problem in Greek, have been treated more fully. A simple and more generic dictionary entry is given in the glossary on each page, with a more specific meaning provided in the commentary below if necessary. We have also included a list of verbs with unusual forms and their principal parts as an appendix, which should be useful in identifying the dictionary form of verbs. A good strategy for attacking a text like this is to read a section of the Greek to get as much out of it as possible, then to look at the glossary below for unrecognized vocabulary items, and lastly to consult the commentary. The fuller glossary at the end of the book can be a last resort.

In translating expressions we have sought to provide an English version that reproduces the grammatical relationships as much as possible, producing in many cases awkward expressions (sometimes called "translationese"). Good idiomatic translations are available for this text, but the translations in the commentary are meant to provide explanations of how the Greek works.

The Greek text contained in this volume is based on the Loeb edition of Lucian, first published in 1921 and now in the public domain. This Greek text was made available by the Perseus Project via a Creative Commons License, as is our version. We have made a few minor changes to the Loeb text in the name of readability. This is not a scholarly edition; for that the reader is referred to the OCT edited by M. D. Macleod.

An Important Disclaimer:

This volume is a self-published "Print on Demand" (POD) book, and it has not been vetted or edited in the usual way by publishing professionals. There are sure to be some factual and typographical errors in the text, for which we apologize in advance. The volume is also available only through online distributors, since each book is printed only when ordered online. However, this publishing channel and format also account for the low price of the book; and it is a simple matter to make changes to the pdf file when they come to our attention. For this reason, any corrections or suggestions for improvement are welcome and will be addressed as quickly as possible in future versions of the text.

Evan Hayes
hayesee@muohio.edu

Stephen Nimis
nimissa@muohio.edu

Evan Hayes is a recent graduate in Classics and Philosophy at Miami University and the 2011 Joanna Jackson Goldman Scholar.

Stephen Nimis is a Professor of Classics at Miami University.

Ionic Greek

The dialect of *On the Syrian Goddess* is literary Ionic, whose main sources are Herodotus and Homer. It differs from classical Attic Greek, which is also a literary dialect in Lucian's time; both Attic and Ionic are throwbacks to an earlier period and are different in many respects from the contemporary *koine* ("Common") Greek, the Greek of the New Testament, for example. A concerted effort has thus been made by our author to imitate the language of Herodotus, in particular phrases and in general style. There are a number of Homeric expressions, but Herodotus too often used such expressions, so it is the latter who is the key source for DDS's dialect. Lightfoot provides a complete discussion of this aspect of the language of *De Dea Syria*, so we will confine ourselves to identifying potential problems for those used to reading Attic Greek.

Many features of Ionic Greek present no difficulty at all. Uncontracted verb forms, for example, are easily recognized from the regular verb endings:

Ionic	Attic
καλέεται	καλεῖται
ἐρέω	ἐρῶ
ἐπιτελέουσιν	ἐπιτελοῦσιν
ἀπηγέομαι	ἀφηγοῦμαι

Similarly, nouns often look more regular without contraction:

Ionic	Attic
γένεος	γένους
ἔτεος	ἔτους

So also the retention of η where Attic would have an α is easy to spot:

Ionic	Attic
Συρίη	Συρία
ἐννοίην	ἐννοίαν
Ἀσσυρίης	Ἀσσυρίας
ἐπωνυμίη	ἐπωνυμία
αὐτοψίη	αὐτοψία

The loss of aspiration (*psilosis*) in compound verbs only affects a few forms:

Ionic	Attic
ἀπικνέεται	ἀφικνεῖται
ἐπικνέεται	ἐφικνεῖται
ἀπιᾶσι	ἀφιᾶσι
κατιᾶσι	καθιᾶσι
μετήσομαι	μεθήσομαι
ἀπηγέομαι	ἀφηγοῦμαι
δέκομαι	δέχομαι
αὖτις	αὖθις

The appearance of ου for ο; ωυ for αυ; and similar minor modifications are also minor problems. Here are some examples:

Ionic	Attic
μοῦνος	μόνος
νοῦσος	νόσος
οὔνομα	ὄνομα
ἑωυτόν	ἑαυτόν
θωῦμα	θαῦμα
ἔικολος	ἴκελος
εἵνεκα	ἕνεκα
ξεῖνος	ξένος
ἐς	εἰς
μέζων	μείζων

A κ- is regularly substituted for -π in interrogative words, following Herodotus:

κῶς	πῶς
ὅκως	ὅπως
κοῖος	ποῖος
ὅκοιος	ὅποιος
κότε	πότε

Note the endings for the dative plural of first and second declensions:

ἐκείνῃσι τῇσι ἡμέρῃσι	ἐκείναις ταῖς ἡμέραις
θύρῃσι	θύραις
μούνοισι ξείνοισι	μούνοις ξείνοις
αὐτοῖσι	αὐτοῖς
τούτοισι τοῖσι προπυλαίοισι	τούτοις τοῖς προπυλαίοις

Note the genitive singular of πόλις and similar words:

  πόλιος
  γενέσιος
  ὄψιος
  πόσιος
  ὕβριος

The following Ionic forms might give a little trouble:

Ionic	Attic
ὤν	οὖν
ἐών	ὤν
ἐόντα	ὄντα
ἰρός	ἱερός
πρήσσω	πράττω
πρῆγμα	πρᾶγμα
ἔμμεναι	εἶναι
ἔσσεται	ἔσται
πάντεσσι	πᾶσι
πόλιος	πόλεως

The use of the definite article as a relative pronoun requires some adjustment, but the forms themselves are familiar:

ἐρέω δὲ καὶ νόμους <u>τοῖσιν</u> χρέωνται, καὶ πανηγύριας <u>τὰς</u> ἄγουσιν καὶ θυσίας <u>τὰς</u> ἐπιτελέουσιν.

I will speak of the laws <u>which</u> they use and the festivals <u>which</u> they hold and the sacrifices <u>which</u> they make.

Other pronouns, familiar from Homer and Herodotus are:

  μιν (acc. s.: him, her, it)
  οἱ (dat. s.: to him, her, it)
  σφέας (acc. pl.: them)
  σφέων (gen. pl.: of them)
  σφί(σι) (dat. pl.: to them)
  ἐμεῦ, ἐμέο (gen. s.: of me)
  σεῦ, σέο (gen. s.: of you)

More common than usual is the use of anastrophe, the placement of a preposition after the noun it governs, with a change of accent on the preposition:

> ὄλβου πέρι for περὶ ὄλβου
> Δευκαλίωνος πέρι
> ἐκείνων πέρι
> ἱερῶν ἄνευ for ἀνεὺ ἱερῶν

Abbreviations

abs.	absolute	m.	masculine
acc.	accusative	n.	neuter
act.	active	nom.	nominative
adj.	adjective	obj.	object
adv.	adverb	opt.	optative
ao.	aorist	part.	participle
app.	appositive	pas.	passive
comp.	comparative	perf.	perfect
dat.	dative	pl.	plural
dir. obj.	direct object	plupf.	pluperfect
f.	feminine	pred.	predicate
fut.	future	prep.	preposition
gen.	genitive	pr.	present
impf.	imperfect	pron.	pronoun
imper.	imperative	reflex.	reflexive
ind. com.	indirect command	rel.	relative
ind. quest.	indirect question	seq.	sequence
ind. st.	indirect statement	sg.	singular
indic.	indicative	subj.	subject or subjunctive
ind. obj.	indirect object	superl.	superlative
inf.	infinitive	voc.	vocative

Λουκιανοῦ
Περὶ τῆς Συρίης Θεοῦ

Lucian's
On the Syrian Goddess

Outline of *De Dea Syria*:

§1-2:	Prehistory of the City and its Temple
3-9:	Phoenician Temples
10-11:	The Temple of Hierapolis
12-13:	The Story of Deucalion and the Flood
14:	Semiramis and Derceto
15:	Attis and Rhea
16:	Dionysus
17-18:	The Story of Stratonice and Antiochus
19-27:	The Story of Stratonice and Combabus
28-29:	The *Phallobatoi*
30-31:	Layout of the Temple
32:	The Iconography
33:	The *Semeion* (Standard)
34:	The Throne of the Sun
35:	The Statue of Apollo
36-37:	Apollo's Oracle at Hierapolis
38-40:	Other Statues and the Courtyard
41:	The Sacred Grove
42-44:	Priests and Sacrifices
45-47:	The Sacred Lake
48:	The Sacred Rooster
49-51:	The Spring Festival
52-53:	Cultic Regulations
54:	Sacrificial Animals
55-57:	Pilgrimage
58:	Sacrifice from the Propylaea
59:	Tatooing
60:	Hair-Cutting

A goddess (probably Atargatis) with mural crown, framed in a zodiac and carried by Nike. Limestone relief from Khirbet Et-Tannur, Transjordan. (Late 1st century BCE to early 1st century CE) Drawing © S. Beaulieu

On the Syrian Goddess

ΠΕΡΙ ΤΗΣ ΣΥΡΙΗΣ ΘΕΟΥ

Prehistory of the City and its Temple

[1] Ἔστιν ἐν Συρίῃ πόλις οὐ πολλὸν ἀπὸ τοῦ Εὐφρήτεω ποταμοῦ, καλέεται δὲ Ἰρή, καὶ ἔστιν ἰρὴ τῆς Ἥρης τῆς Ἀσσυρίης. δοκέει δέ μοι, τόδε τὸ οὔνομα οὐκ ἅμα τῇ πόλει οἰκεομένῃ ἐγένετο, ἀλλὰ τὸ μὲν ἀρχαῖον ἄλλο ἦν, μετὰ δὲ σφίσι τῶν ἰρῶν μεγάλων γιγνομένων ἐς τόδε ἡ ἐπωνυμίη ἀπίκετο. περὶ ταύτης ὦν τῆς πόλιος ἔρχομαι ἐρέων ὁκόσα ἐν αὐτῇ ἐστιν· ἐρέω δὲ καὶ νόμους τοῖσιν ἐς τὰ ἰρὰ χρέωνται, καὶ

ἄλλος, -η, -ον: another, other
ἅμα: at the same time
ἀπικνέομαι: to come to, arrive
ἀρχαῖος, -η, -ον: ancient, original
Ἀσσύριος, -η, -ον: Assyrian
δοκέω: to seem
ἐπωνυμίη, ἡ: a name, title
ἔρχομαι: to go
Εὐφράτης, -εω, ὁ: Euphrates
Ἥρη, ἡ: the goddess Hera
ἰρά, -ῶν, τά: sacred rites, sacrifices
ἰρός, -ή, -όν: sacred, holy

καλέω: to call
μέγας, μεγάλη, μέγα: large, great
νόμος, ὁ: a custom, law
οἰκέω: to inhabit, occupy
ὁκόσος, -η, -ον: as many as
οὔνομα, -ματα, τὸ: a name
πόλις, -ιος, ἡ: a city
πολύς, πολλή, πολύ: many
ποταμός, ὁ: a river
Συρίη, ἡ: Syria
χράομαι: to use

καλέεται δὲ Ἰρή: i.e. it is called "Hiera-polis," the Sacred City
ἰρὴ (sc. πόλις): "it is the sacred city of" + gen.
τῆς Ἥρης τῆς Ἀσσυρίης: "of the Assyrian Hera," whose native name was Atargatis, attested on coins
τῇ πόλει οἰκεομένῃ: dat. after ἅμα, "at the same time as the city was populated"
ἐγένετο: ao. of γίγνομαι "was not born"
σφίσι (=αὐτοῖς): dat. "with them"
τὸ μὲν ἀρχαῖον … μετὰ δὲ: "while in the old days … but later"
τῶν ἰρῶν μεγάλων γιγνομένων: gen. abs., "when the great sacrifices were happening"
ἐς τόδε (sc. οὔνομα): "to this name"
ἀπίκετο (= ἀφίκετο): ao. of ἀπο-ικνέομαι, "arrived"
ὦν (= οὖν): "therefore"
ἔρχομαι ἐρέων: periphrastic, "I am going to be telling"
ἐρέων: fut. part. of λέγω
ἐρέω: fut. of λέγω "I will say"
ὁκόσα (= ὁπόσα): introducing an ind. quest., *what sort of things* are in it"
τοῖσιν (= οἷς): rel. pron. dat. with χρέωνται, "the customs *which* they use"

Lucian

πανηγύριας τὰς ἄγουσιν καὶ θυσίας τὰς ἐπιτελέουσιν. ἐρέω δὲ καὶ ὁκόσα καὶ περὶ τῶν τὸ ἱρὸν εἱσαμένων μυθολογέουσι, καὶ τὸν νηὸν ὅκως ἐγένετο. γράφω δὲ Ἀσσύριος ἐών, καὶ τῶν ἀπηγέομαι τὰ μὲν αὐτοψίῃ μαθών, τὰ δὲ παρὰ τῶν ἱρέων ἐδάην, ὁκόσα ἐόντα ἐμεῦ πρεσβύτερα ἐγὼ ἱστορέω.

[2] Πρῶτοι μὲν ὦν ἀνθρώπων τῶν ἡμεῖς ἴδμεν Αἰγύπτιοι λέγονται θεῶν τε ἐννοίην λαβεῖν καὶ ἱρὰ εἵσασθαι

ἄγω: to lead, carry
Αἰγύπτιος, -η, -ον: Egyptian
ἄνθρωπος, ὁ: a man
ἀπηγέομαι: to lead from, relate
Ἀσσύριος, -η, -ον: Assyrian
αὐτοψίη, ἡ: a seeing with one's own eyes
γράφω: to write
δάω: to learn
ἔννοιη, ἡ: a conception, notion
ἐπιτελέω: to complete, accomplish, perform
θυσίη, ἡ: an offering
ἵζω: to found, establish

ἱρεύς, ὁ: a priest
ἱρόν, τό: a sacred place, temple
ἱστορέω: to inquire into
λαμβάνω: to take
μανθάνω: to learn
μυθολογέω: to tell tales
νηός, ὁ: the dwelling of a god, a shrine
οἶδα: to know
ὁκόσος, η, ον: how many, how great
ὅκως: how, in what way
πανήγυρις, -εως, ἡ: an assembly, festival
πρεσβύτερος, -η, -ον: older, elder
πρῶτος, -η, -ον: first

τὰς (= ἅς): rel. pron. acc. pl., "the festivals *which* they enact"
ὁκόσα ... μυθολογέουσι: ind. quest., "what sort of tales they tell"
περὶ τῶν εἱσαμένων: ao. part. of ἵζω gen. pl., "about those who established"
Ἀσσύριος ἐών (= ὤν): "being an Assyrian"
ἀπηγέομαι: pr. of ἀπο-ηγέομαι, "I am relating"
τὰ μὲν ... τὰ δὲ: with the preceding τῶν, "of which *some things* ... *other things*"
μαθών: ao. part. of μανθάνω, "having learned"
παρὰ τῶν ἱρέων: "from the priests"
ἐδάην: ao. of δάω, "I learned"
ἐμεῦ: gen. of ἐγώ after comparative πρεσβύτερα, "things older *than me*"
τῶν ἡμεῖς ἴδμεν: "whom we know," the rel. pron. is attracted into the case of its antecedent ἀνθρώπων
λαβεῖν: ao. inf. of λαμβάνω in ind. st. after λέγονται, "are said *to have taken* notice"
εἵσασθαι: ao. inf. of ἵζω after λέγονται, "are said *to have founded*"

Watch out for these common words:	
Ionic	Attic
ὦν	οὖν ("so," "therefore")
ἐών	ὤν ("being": nom. s. masc.)
ἐόντα	ὄντα ("being": acc. s. masc.)

καὶ τεμένεα καὶ πανηγύριας ἀποδεῖξαι. πρῶτοι δὲ καὶ οὐνόματα ἱρὰ ἔγνωσαν καὶ λόγους ἱροὺς ἔλεξαν. μετὰ δὲ οὐ πολλοστῷ χρόνῳ παρ' Αἰγυπτίων λόγον Ἀσσύριοι ἐς θεοὺς ἤκουσαν, καὶ ἱρὰ καὶ νηοὺς ἤγειραν, ἐν τοῖς καὶ ἀγάλματα ἔθεντο καὶ ξόανα ἐστήσαντο.

Phoenician temples: Tyre

[3] τὸ δὲ παλαιὸν καὶ παρ' Αἰγυπτίοισιν ἀξόανοι νηοὶ ἔσαν. καὶ ἔστιν ἱρὰ καὶ ἐν Συρίῃ οὐ παρὰ πολὺ τοῖς

ἄγαλμα, -ατος, τό: a statue
Αἰγύπτιος, -η, -ον: Egyptian
ἀκούω: to hear
ἀξόανος, -ον: without images
ἀποδείκνυμι: to appoint, proclaim
Ἀσσύριος, -η, -ον: Assyrian
γιγνώσκω: to (come to) know
ἐγείρω: to rise
θεός, ὁ: a god
ἱρόν, τό: a sacred place, temple
ἱρός, -ή, -όν: sacred, holy
ἵστημι: to stand up, set up
λόγος, ὁ: a word, speech

νηός, ὁ: the dwelling of a god, a temple
ξόανον, τό: a carved image
οὔνομα, -ματα, τό: a name
παλαιός, -ή, -όν: old, ancient
πανήγυρις, -εως, ἡ: an assembly, festival
πολλοστός, -ή, -όν: the smallest, least
πολύς, πολλή, πολύ: many
πρῶτος, -η, -ον: first
Συρίη, ἡ: Syria
τέμενος, -εος, τό: a sacred precinct, dedicated land
τίθημι: to set, place
χρόνος, ὁ: time

ἀποδεῖξαι: ao. inf. of ἀπο-δείκνυμι after λέγονται, "to have proclaimed"
ἔγνωσαν: ao. of γιγνώσκω, "they came to know"
ἔλεξαν: 1st ao. of λέγω, "they spoke"
χρόνῳ: dat. of degree after adv. μετὰ, "afterward by the least time," i.e. "very soon after"
ἤκουσαν: ao. of ἀκούω, "they heard"
ἤγειραν: ao. of ἐγείρω, "they erected"
ἐν τοῖς: "in which"
ἔθεντο: ao. mid. of τίθημι, "they placed"
ἐστήσαντο: ao. trans. of ἵστημι, "they set up"
τὸ δὲ παλαιὸν: adverbial, "in the old time"
ἔσαν (= ἦσαν): "there were"
ἔστιν καὶ: "there are also temples"
οὐ παρὰ πολὺ: "not beyond (i.e. "later") by much"

Lucian

Αἰγυπτίοισιν ἰσοχρονέοντα, τῶν ἐγὼ πλεῖστα ὄπωπα, τό γε τοῦ Ἡρακλέος τὸ ἐν Τύρῳ, οὐ τούτου τοῦ Ἡρακλέος τὸν Ἕλληνες ἀείδουσιν, ἀλλὰ τὸν ἐγὼ λέγω πολλὸν ἀρχαιότερος καὶ Τύριος ἥρως ἐστίν.

Phoenician temples: Sidon

[4] Ἔνι δὲ καὶ ἄλλο ἱρὸν ἐν φοινίκῃ μέγα, τὸ Σιδόνιοι ἔχουσιν. ὡς μὲν αὐτοὶ λέγουσιν, Ἀστάρτης ἐστίν· Ἀστάρτην δ' ἐγὼ δοκέω Σεληναίην ἔμμεναι. ὡς δέ μοί τις τῶν ἰρέων ἀπηγέετο, Εὐρώπης ἐστὶν τῆς Κάδμου ἀδελφεῆς· ταύτην δὲ ἐοῦσαν Ἀγήνορος τοῦ βασιλέως θυγατέρα, ἐπειδή τε ἀφανὴς ἐγεγόνεεν, οἱ Φοίνικες τῷ νηῷ ἐτιμήσαντο καὶ λόγον ἱρὸν ἐπ'

ἀδελφή, ἡ: a sister
ἀείδω: to sing, praise
Αἰγύπτιος, -η, -ον: Egyptian
ἀπηγέομαι: to relate
ἀρχαῖος, -η, -ον: original, ancient
Ἀστάρτη, ἡ: Astarte, the goddess of Sidon
ἀφανής, -ές: unseen, invisible
βασιλεύς, -έως, ὁ: a king, chief
Ἕλλην, Ἕλληνος, ὁ: a Greek
Εὐρώπη, ἡ: Europa
Ἡρακλέης, -έος, ὁ: Heracles
ἥρως, ὁ: a warrior, hero
θυγάτηρ, -ἐρος, ἡ: a daughter
ἰρεύς, ὁ: a priest, sacrifice

ἱρόν, τό: a sacred place, temple
ἱρός, -ή, -όν: sacred, holy
ἰσοχρονέω: to be as old as, rival in age
Κάδμος, ὁ: Cadmus
νηός, ὁ: the dwelling of a god, a temple
πλεῖστος, -η, -ον: most, largest
πολύς, πολλή, πολύ: many
Σεληναίη, ἡ: the Moon Goddess
Σιδόνιος, -η, -ον: Sidonian
τιμάω: to honor
Τύριος, -η, -ον: of Tyre, Tyrian
Τύρος, ἡ: Tyre
Φοινίκη, ἡ: Phonecia
Φοῖνιξ, -ικος, ὁ: a Phonecian

ἰσοχρονέοντα: pr. part. n. pl., "temples *equal in age to*" + dat.
ὄπωπα: perf. of ὁράω, "most of which *I have seen*"
τό γε: "*even that* of Heracles"
τὸν: rel. pron., "not of that Heracles, *whom*"
πολλὸν: adverbial with ἀρχαιότερος, "older *by much*"
ἔνι (=ἐν-ἐστι): "there is in..."
Ἀστάρτης: Phoenician goddess associated with Aphrodite by the Greeks
ἔμμεναι: pr. inf. of εἰμι after δοκέω, "I think her *to be*"
ἀπηγέετο: impf. of ἀπο-ἡγέομαι, "one of the priests *told me*"
Εὐρώπης ἐστὶν: "it is (the temple) of Europa," the daughter of Agenor whom Zeus ravished
ταύτην δὲ ἐοῦσαν: acc. dir. obj. of ἐτιμήσαντο, "they honored *her since she was*"
ἐγεγόνεεν: plpf. of γίγνομαι, "*after she had become*"
τῷ νηῷ: dat. of means, "with a sanctuary"

αὐτῇ ἔλεξαν, ὅτι ἐοῦσαν καλὴν Ζεὺς ἐπόθεεν καὶ τὸ εἶδος εἰς ταῦρον ἀμειψάμενος ἥρπασεν καί μιν ἐς Κρήτην φέρων ἀπίκετο. τάδε μὲν καὶ τῶν ἄλλων Φοινίκων ἤκουον, καὶ τὸ νόμισμα τῷ Σιδόνιοι χρέωνται τὴν Εὐρώπην ἐφεζομένην ἔχει τῷ ταύρῳ τῷ Διΐ· τὸν δὲ νηὸν οὐκ ὁμολογέουσιν Εὐρώπης ἔμμεναι.

Phoenician temples: Heliopolis/Baalbek

[5] Ἔχουσι δὲ καὶ ἄλλο Φοίνικες ἱρόν, οὐκ Ἀσσύριον ἀλλ' Αἰγύπτιον, τὸ ἐξ Ἡλίου πόλιος ἐς τὴν Φοινίκην ἀπίκετο. ἐγὼ μέν μιν οὐκ ὄπωπα, μέγα δὲ καὶ τόδε καὶ ἀρχαῖόν ἐστιν.

Αἰγύπτιος, -η, -ον: Egyptian
ἀκούω: to hear
ἀμείβω: to change
ἀπικνέομαι: to come to, arrive
ἁρπάζω: to snatch away, carry off
ἀρχαῖος, -η, -ον: original, ancient
Ἀσσύριος, -η, -ον: Assyrian
εἶδος, -εος, τό: a form, shape
Εὐρώπη, ἡ: Europa
ἐφέζομαι: to sit upon
Ζεύς, ὁ: Zeus
ἥλιος, ὁ: the sun
ἱρός, -ή, -όν: sacred, holy

καλός, -ή, -όν: beautiful
Κρήτη, ἡ: Crete
νηός, ὁ: the dwelling of a god, a temple
νόμισμα, -ατος, τό: a coin, currency
ὁμολογέω: to agree
ποθέω: to long for, desire
πόλις, -ιος, ἡ: a city
Σιδόνιος, -η, -ον: Sidonian
ταῦρος, ὁ: a bull
φέρω: to bear
Φοῖνιξ, -ικος, ὁ: a Phonecian
χράομαι: to use

ἀμειψάμενος: ao. part. mid. of ἀμείβω, "having changed himself"
ἥρπασεν: ao. of ἁρπάζω, "he snatched her"
ἀπίκετο (= ἀφίκετο): ao., "*he arrived* to Crete"
καὶ τῶν ἄλλων: gen. of source after ἤκουον, "I heard *also from others*"
τῷ: dat. rel. pron. with χρέωνται, "*which* the Sidonians use"
τὸν δὲ νηὸν ἔμμεναι: pr. inf. of εἰμι in ind. st., "they disagree *that the sanctuary is*"
Ἡλίου πόλιος: gen., "from the city of the Sun" i.e. Heliopolis in Egypt. The name is not given, but the temple at Baalbek must be meant, which the Greeks also called Heliopolis.
οὐκ ὄπωπα: perf. of ὁρέω, "I have not seen"

Lucian

Phoenician temples: Byblos

[6] Εἶδον δὲ καὶ ἐν Βύβλῳ μέγα ἱρὸν Ἀφροδίτης Βυβλίης, ἐν τῷ καὶ τὰ ὄργια ἐς Ἄδωνιν ἐπιτελέουσιν· ἐδάην δὲ καὶ τὰ ὄργια. λέγουσι γὰρ δὴ ὦν τὸ ἔργον τὸ ἐς Ἄδωνιν ὑπὸ τοῦ συὸς ἐν τῇ χώρῃ τῇ σφετέρῃ γενέσθαι, καὶ μνήμην τοῦ πάθεος τύπτονταί τε ἑκάστου ἔτεος καὶ θρηνέουσι καὶ τὰ ὄργια ἐπιτελέουσι καὶ σφίσι μεγάλα πένθεα ἀνὰ τὴν χώρην ἵσταται.

The Temple of Byblos. Coin. (3rd Century CE)

Ἄδωνις, -ιος, ὁ: Adonis
Ἀφροδίτη, ἡ: Aphrodite
Βύβλιος, -η, -ον: Byblian
Βύβλος, ἡ: Byblos
δάω: to learn
ἕκαστος, -η, -ον: every, each
ἐπιτελέω: to complete, discharge
ἔργον, τό: a deed, work
ἔτος, -εος, τό: a year
θρηνέω: to wail

ἱρόν, τό: a temple
ἵστημι: to make to stand
μνήμη, ἡ: a remembrance, memory
ὄργια, -ίων, τά: secret rites, orgies
πάθος, -εος, τό: an incident, accident
πένθος, -εος, τό: grief, sadness, sorrow
σῦς, συός, ὁ: a boar, pig
σφέτερος, -η, -ον: their own
τύπτω: to beat, strike
χώρη, ἡ: a place, land

ἐς Ἄδωνιν: "a temple *to Adonis*," the tragic beloved of Aphrodite who was mourned annually
ἐδάην: ao. of **δάω**, "I learned"
γὰρ δὴ ὦν: "for indeed," the combination is rare, but **δὴ ὦν** is common in Herodotus.
ὑπὸ τοῦ συός: expressing agency, "at the hands of the boar"
γενέσθαι: ao. inf. after **λέγουσι**, "they say *that it happened*"
μνήμην: acc. of resp., "*in memory* of the suffering"
ἑκάστου ἔτεος : gen. of time within which, "each year" i.e. annually
ἵσταται: pr. trans., "*they display* sufferings"

On the Syrian Goddess

ἐπεὰν δὲ ἀποτύψωνταί τε καὶ ἀποκλαύσωνται, πρῶτα μὲν καταγίζουσι τῷ Ἀδώνιδι ὅκως ἐόντι νέκυι, μετὰ δὲ τῇ ἑτέρῃ ἡμέρῃ ζώειν τέ μιν μυθολογέουσι καὶ ἐς τὸν ἠέρα πέμπουσι καὶ τὰς κεφαλὰς ξύρονται ὅκως Αἰγύπτιοι ἀποθανόντος Ἄπιος. γυναικῶν δὲ ὁκόσαι οὐκ ἐθέλουσι ξύρεσθαι, τοιήνδε ζημίην ἐκτελέουσιν· ἐν μιῇ ἡμέρῃ ἐπὶ πρήσει τῆς ὥρης ἵστανται· ἡ δὲ ἀγορὴ μούνοισι ξείνοισι παρακέαται, καὶ ὁ μισθὸς ἐς τὴν Ἀφροδίτην θυσίη γίγνεται.

ἀγορή, ἡ: the marketplace
Ἄδωνις, -ιος, ὁ: Adonis
Αἰγύπτιος, -η, -ον: Egyptian
Ἄπις, -ιος, ὁ: Apis, a bull deity
ἀποθνήσκω: to die
ἀποκλάω: to break off
ἀποτύπτω: to cease beating
Ἀφροδίτη: Aphrodite
γυνή, γυναικός, ἡ: a woman, wife
ἐθέλω: to wish
εἷς, μία, ἕν: one
ἐκτελέω: to accomplish, achieve
ἐπεάν: whenever (+ subj.)
ζημίη, ἡ: a penalty, damage
ζώω: to live
ἠήρ, ἠέρος, ὁ: the air
ἡμέρη, ἡ: a day
θυσίη, ἡ: an offering

ἵστημι: to stand up
καταγίζω: to dedicate, offer
κεφαλή, ἡ: a head
μισθός, ὁ: wages, pay
μοῦνος, -η, -ον: alone, only
μυθολογέω: to tell tales
νέκυς, -υος, ὁ: a corpse, dead body
ξεῖνος, ὁ: a foreigner
ξύρω: to shave
ὁκόσος, η, ον: how many, how great
ὅκως: as, just as
παράκειμαι: to be available
πέμπω: to send
πρῆσις, -ιος, ἡ: a selling, sale
πρῶτος, -η, -ον: first
τοιόσδε, -ήδε, -όνδε: such
ὥρη, ἡ: a time, period

ἐπεὰν ἀποτύψωνται: ao. subj. of ἀπο-τύπτω in gen. temp. clause, "whenever they beat (their breasts)"
ὅκως ἐόντι νέκυι: "as though to a dead body"
ζώειν μιν: inf. after μυθολογέουσι, "that he lives"
ὅκως Αἰγύπτιοι: "as the Egyptians do"
ἀποθανόντος Ἄπιος: ao. part. in gen. abs., "when the Apis bull dies." The Apis bull was an incarnation of Ptah.
ξύρεσθαι: pr. pas. inf. complementing ἐθέλουσι, "whoever do not wish *to be shaved*"
ἐπὶ πρήσει: "for sale," there are numerous traditions about such "temple-prostitution"
μούνοισι ξείνοισι: dat. with παρακέαται, "to foreigners only"
θυσίη: pred. nom., "the profit becomes *an offering*"

Lucian

[7] Εἰσὶ δὲ ἔνιοι Βυβλίων οἳ λέγουσι παρὰ σφίσι τεθάφθαι τὸν Ὄσιριν τὸν Αἰγύπτιον, καὶ τὰ πένθεα καὶ τὰ ὄργια οὐκ ἐς τὸν Ἄδωνιν ἀλλ' ἐς τὸν Ὄσιριν πάντα πρήσσεσθαι. ἐρέω δὲ καὶ ὁκόθεν καὶ τάδε πιστὰ δοκέουσι. κεφαλὴ ἑκάστου ἔτεος ἐξ Αἰγύπτου ἐς τὴν Βύβλον ἀπικνέεται πλώουσα τὸν μεταξὺ πλόον ἑπτὰ ἡμερέων, καί μιν οἱ ἄνεμοι

Ἄδωνις, -ιος, ὁ: Adonis
Αἰγύπτιος, -η, -ον: Egyptian
Αἴγυπτος, ἡ: Egypt
ἄνεμος, ὁ: wind
ἀπικνέομαι: to come to, arrive
Βύβλιος, -η, -ον: Byblian
Βύβλος, ἡ: Byblos
ἕκαστος, -η, -ον: every, each
ἔνιοι, -αι, -α: some
ἑπτά: seven
ἔτος, -εος, τό: a year
ἡμέρη, ἡ: a day

θάπτω: to bury
κεφαλή, ἡ: a head
μεταξύ: between
ὁπόθεν: whence, from what place
ὄργια, -ίων, τά: secret rites
Ὄσιρις, ὁ: Osiris
πένθος, -εος, τό: grief, sadness, sorrow
πιστός, -ή, -όν: to be trusted, believable
πλέω: to sail
πλόος, ὁ: a sailing, voyage
πρήσσω: to make, do

τεθάφθαι: perf. pas. inf. of **θάπτω** in ind. st. after **λέγουσι**, "that Osiris is buried." Osiris, like Adonis, is a god of death and resurrection.
πρήσσεσθαι: pr. pas. inf. of **πρήσσω** (= **πράττω**) also after **λέγουσι**, "that the rites *are done*"
ἐρέω: fut. of **λέγω**, "I will say"
ὁκόθεν (=**ὁπόθεν**): introducing ind. quest., "*whence* these seem trustworthy"
ἑπτὰ ἡμερέων: gen., "a journey *of seven days*"
τὸν μεταξὺ πλόον: "the intervening sailing (distance)"

Note the loss of aspiration (*psilosis*), especially in compound verbs:

Ionic	Attic
ἀπικνέεται	ἀφικνεῖται
ἐπικνέεται	ἐφικνεῖται
ἀπιᾶσι	ἀφιᾶσι
κατιᾶσι	καθιᾶσι
μετήσομαι	μεθήσομαι
ἀπηγέομαι	ἀφηγοῦμαι
δέκομαι	δέχομαι
αὖτις	αὖθις

On the Syrian Goddess

φέρουσι θείη ναυτιλίῃ· τρέπεται δὲ οὐδαμά, ἀλλ' ἐς μούνην τὴν Βύβλον ἀπικνέεται. καὶ ἔστι τὸ σύμπαν θωῦμα. καὶ τοῦτο ἑκάστου ἔτεος γίγνεται, τὸ καὶ ἐμεῦ παρεόντος ἐν Βύβλῳ ἐγένετο· καὶ τὴν κεφαλὴν ἐθεησάμην Βυβλίνην.

[8] Ἔνι δὲ καὶ ἄλλο θωῦμα ἐν τῇ χώρῃ τῇ Βυβλίῃ. ποταμὸς ἐκ τοῦ Λιβάνου τοῦ οὔρεος ἐς τὴν ἅλα ἐκδιδοῖ· οὔνομα τῷ ποταμῷ Ἄδωνις ἐπικέαται. ὁ δὲ ποταμὸς ἑκάστου ἔτεος αἱμάσσεται καὶ τὴν χροιὴν ὀλέσας ἐσπίπτει ἐς τὴν θάλασσαν καὶ φοινίσσει τὸ πολλὸν τοῦ πελάγεος καὶ σημαίνει

Ἄδωνις, -ιος, ὁ: Adonis
αἱμάσσω: to bloody, stain with blood
ἄλλος, -η, -ον: another, other
ἅλς, ἁλός, ἡ: the sea
ἀπικνέομαι: to come to
Βυβλίος, -η, -ον: Byblian
Βύβλος, ἡ: Byblos
εἰσπίπτω: to fall into
ἕκαστος, -η, -ον: each, every
ἐκδίδωμι: to give up, discharge
ἐπίκειμαι: to be placed
ἔτος, -εος, τό: a year
θάλασσα, ἡ: a sea
θεάομαι: to look on, behold
θεῖος, -η, -ον: divine, of the gods
θωῦμα, -ατος, τό: a wonder, marvel
κεφαλή, ἡ: a head
Λίβανος, ὁ: Libanus (mountain)

μοῦνος, -η, -ον: alone, only
ναυτιλίη, ἡ: sailing, seamanship
ὄλλυμι: to destroy
οὐδαμός, -ή, -όν: not even one, no one
οὔνομα, -ματα, τό: a name
οὖρος, -εος, τό: a mountain
πάρειμι: to be present
πέλαγος, -εος, τό: a sea
πολύς, πολλή, πολύ: many
ποταμός, ὁ: a river, stream
σημαίνω: to make a sign of, indicate
σύμπας, -πασα, -παν: all together, all at once
τρέπω: to turn
φέρω: to bear, carry
φοινίσσω: to make red
χροιή, ἡ: a surface, appearance, color
χώρη, ἡ: a place, space, land

θείῃ ναυτιλί: dat. of means, "by a divine seamanship"
θωῦμα (=θαῦμα): "the whole thing is *a wonder*"
ἐμεῦ παρεόντος: gen. abs., "me being present"
ἐγένετο: ao. of γίγνομαι, "it happened"
ἐθεησάμην: ao. of θεάομαι, "I saw"
ἔνι (=ἔν-ἐστι): "there is in..."
ἐκδιδοῖ (=ἐκδίδωσι): pr., "discharges"
οὔνομα...Ἄδωνις: "the name Adonis"
τῷ ποταμῷ: dat. after ἐπικέαται, "is placed *on the river*"
ὀλέσας: ao. part. of ὄλλυμι, "having lost"
φοινίσσει: "it dyes (red)"

Lucian

τοῖς Βυβλίοις τὰ πένθεα. μυθέονται δὲ ὅτι ταύτῃσι τῇσι ἡμέρῃσιν ὁ Ἄδωνις ἀνὰ τὸν Λίβανον τιτρώσκεται, καὶ τὸ αἷμα ἐς τὸ ὕδωρ ἐρχόμενον ἀλλάσσει τὸν ποταμὸν καὶ τῷ ῥόῳ τὴν ἐπωνυμίην διδοῖ. ταῦτα μὲν οἱ πολλοὶ λέγουσιν. ἐμοὶ δέ τις ἀνὴρ Βύβλιος ἀληθέα δοκέων λέγειν ἑτέρην ἀπηγέετο τοῦ πάθεος αἰτίην. ἔλεγεν δὲ ὧδε: «ὁ Ἄδωνις ὁ ποταμός, ὦ ξεῖνε, διὰ τοῦ Λιβάνου ἔρχεται: ὁ δὲ Λίβανος κάρτα ξανθόγεώς ἐστιν. ἄνεμοι ὦν τρηχέες ἐκείνῃσι τῇσι ἡμέρῃσι ἱστάμενοι τὴν

Ἄδωνις, -ιος, ὁ: Adonis
αἷμα, -ατος, τό: blood
αἰτίη, ἡ: a cause
ἀληθής, -ές: true
ἀλλάσσω: to change, alter
ἄνεμος, ὁ: wind
ἀπηγέομαι: to relate
Βυβλίος, -η, -ον: Byblian
δίδωμι: to give
ἐπωνυμίη, ἡ: a name
ἔρχομαι: to come, go
ἡμέρη, ἡ: a day
ἵστημι: to make to stand

κάρτα: very, extremely
Λίβανος, ὁ: Libanus (mountain)
μυθέομαι: to say, speak
ξανθόγεώς: of yellow earth
ξεῖνος, ὁ: foreigner, stranger
πάθος, -εος, τό: an incident, occurrence
πένθος, -εος, τό: grief, sadness, sorrow
ποταμός, ὁ: a river, stream
ῥόος, ὁ: a stream, current
τιτρώσκω: to wound
τρηχύς, -εῖα, -ύ: rough, strong
ὕδωρ, ὕδατος, τό: water
ὧδε: so, thus

ταύτῃσι τῇσι ἡμέρῃσιν: dat. of time when, "in these days"
διδοῖ: pr. (= δίδωσι)
δοκέων λέγειν: "seeming to speak truly"
ἀπηγέετο: impf. of ἀπο-ἡγέομαι, "he related to me"
ἱστάμενοι: pr. part. trans., "standing against," i.e. blowing continuously

---

Dative Plurals

First and second declension forms generally follow Herodotus and Homer:

First declension: -ῃσι instead of -αῖς
   ταύτῃσι τῇσι
   ἐκείνῃσι τῇσι ἡμέρῃσι
   θύρῃσι
   αὐτῇσι

Second declension: -οισι instead of -οῖς
   μούνοισι ξείνοισι
   τούτοισι τοῖσι προπυλαίοισι
   αὐτοῖσι and αὐτέοισι

On the Syrian Goddess

γῆν τῷ ποταμῷ ἐπιφέρουσιν ἐοῦσαν ἐς τὰ μάλιστα μιλτώδεα, ἡ δὲ γῆ μιν αἱμώδεα τίθησιν· καὶ τοῦδε τοῦ πάθεος οὐ τὸ αἷμα, τὸ λέγουσιν, ἀλλ' ἡ χώρη αἰτίη.» ὁ μέν μοι Βύβλιος τοσάδε ἀπηγέετο· εἰ δὲ ἀτρεκέως ταῦτα ἔλεγεν, ἐμοὶ μὲν δοκέει κάρτα θείη καὶ τοῦ ἀνέμου ἡ συντυχίη.

[9] Ἀνέβην δὲ καὶ ἐς τὸν Λίβανον ἐκ Βύβλου, ὁδὸν ἡμέρης, πυθόμενος αὐτόθι ἀρχαῖον ἱρὸν Ἀφροδίτης ἔμμεναι, τὸ Κινύρης εἵσατο, καὶ εἶδον τὸ ἱρόν, καὶ ἀρχαῖον ἦν.

αἷμα, -ατος, τό: blood
αἱμώδης, -ες: bloody, blood red
αἰτίη, ἡ: a cause
ἀναβαίνω: to go up
ἄνεμος, ὁ: wind
ἀπηγέομαι: to relate
ἀρχαῖος, -η, -ον: ancient
ἀτρεκής, -ές: real, genuine
αὐτόθι: on the spot
Ἀφροδίτη, ἡ: Aphrodite
Βύβλιος, -η, -ον: Byblian
Βύβλος, ἡ: Byblos
γῆ, ἡ: earth
ἐπιφέρω: to bring upon
ἡμέρη, ἡ: a day

θεῖος, -η, -ον: divine, supernatural
ἵζω: to place, establish
ἱρόν, τό: a sacred place, temple
κάρτα: very, extremely
Λίβανος, ὁ: Libanus
μιλτώδης, -ες: red, reddish
ὁδός, ἡ: a path, journey
πάθος, -εος, τό: an incident, occurrence
ποταμός, ὁ: a river, stream
πυνθάνομαι: to learn
συντυχίη, ἡ: an occurrence, event, incident
τίθημι: to set, put, place
τοσόσδε, -ήδε, -όνδε: so much
χώρη, ἡ: a place, space

τῷ ποταμῷ: dat. after ἐπιφέρουσιν, "they carry dirt *upon the river*"
ἐοῦσαν ... μιλτώδεα: agreeing with γῆν, "being reddish"
ἐς τὰ μάλιστα: "to the greatest degree"
μιν: acc. obj. of τίθησιν, "it" i.e. the river
αἱμώδεα: pred. adj., "makes it *bloody*"
τοῦδε τοῦ πάθεος: gen. after αἰτίη, "is the cause *of the incident*"
τὸ λέγουσιν: "which they say"
εἰ ... ἔλεγεν, ἐμοὶ μὲν δοκέει: simple cond., "whether he was speaking the truth, still the occurrence seems to me"
ἀνέβην: ao. of ἀνα-βαίνω, "I went up"
ὁδόν: cognate acc. with ἀνέβην, "I made a journey"
πυθόμενος: ao. part., "since I had learned"
ἔμμεναι: pr. inf., "that there was"
εἵσατο: ao. of ἵζω, "which K. *founded*"

Lucian

The temple of Hierapolis is the greatest of all these Phoenician temples

[10] Τάδε μέν ἐστι τὰ ἐν τῇ Συρίῃ ἀρχαῖα καὶ μεγάλα ἱρά. τοσούτων δὲ ἐόντων ἐμοὶ δοκέει οὐδὲν τῶν ἐν τῇ ἱρῇ πόλει μέζον ἔμμεναι οὐδὲ νηὸς ἄλλος ἁγιώτερος οὐδὲ χώρη ἄλλη ἱροτέρη. ἔνι δὲ ἐν αὐτῷ καὶ ἔργα πολυτελέα καὶ ἀρχαῖα ἀναθήματα καὶ πολλὰ θωύματα καὶ ξόανα θεοπρεπέα. καὶ θεοὶ δὲ κάρτα αὐτοῖσιν ἐμφανέες· ἱδρώει γὰρ δὴ ὦν παρὰ σφίσι τὰ

ἅγιος, -η, -ον: devoted to the gods, sacred, holy
ἀνάθημα, -ατος, τό: a votive offering
ἀρχαῖος, -η, -ον: ancient
ἐμφανής, -ές: visible, manifest
ἔργον, τό: a work
θεοπρεπής, -ές: meet for a god, marvelous
θεός, ὁ: a god
θωῦμα, -ατος, τό: a wonder, marvel
ἱδρόω: to sweat, perspire
ἱρόν, τό: a sacred place, temple
ἱρός, -ή, -όν: sacred, holy
κάρτα: very, much
νηός, ὁ: a shrine, a temple
ξόανον, τό: a carved image, statue
πόλις, -ιος, ἡ: a city
πολυτελής, -ές: very expensive
Σύριος, -η, -ον: of or from Syria
τοσοῦτος, -αύτη, -οῦτο: so many, so much
χώρη, ἡ: a place, space

τοσούτων δὲ ἐόντων: gen. abs., "and being such as they are"
τῶν: gen. of comp. after μέζον, "to be greater *than those* in Hierapolis"
ἔμμεναι: pr. inf. complementing δοκέει, "seems to be"
γὰρ δὴ ὦν: "for indeed," the combination is rare, but δὴ ὦν is common in Herodotus.
παρὰ σφίσι: "among them"

Note the different meanings of the word αὐτός:

1. The nominative forms of the word without the definite article are always intensive (= Latin *ipse*): αὐτὸς, *he himself;* αὐτοί, *they themselves;* ὡς μὲν αὐτοὶ λέγουσιν, "as *they themselves* say." The other cases of the word are also intensive when they modify a noun, either without the definite article or in predicative position: ὑπ' αὐτῶν Ἀσσυρίων, "by the Assyrians *themselves*."

2. Oblique cases of the word, when used without a noun or a definite article, are the unemphatic third person pronouns: *him, them,* etc. ὁκόσα ἐν αὐτῇ ἐστιν, "whatever is in *it*." This use is the most common in *De Dea Syria*.

3. Any case of the word with an article in attributive position means "the same": δίαιταν τὴν αὐτὴν ἐκείνῳ διαιτέοντο, "they lived *the same* lifestyle as him." τὴν αὐτὴν ὁδόν, "*the same* road"

On the Syrian Goddess

ξόανα καὶ κινέεται καὶ χρησμηγορέει, καὶ βοὴ δὲ πολλάκις ἐγένετο ἐν τῷ νηῷ κλεισθέντος τοῦ ἱροῦ, καὶ πολλοὶ ἤκουσαν. ναὶ μὴν καὶ ὄλβου πέρι ἐν τοῖσιν ἐγὼ οἶδα πρῶτόν ἐστιν· πολλὰ γὰρ αὐτοῖσιν ἀπικνέεται χρήματα ἔκ τε Ἀραβίης καὶ Φοινίκων καὶ Βαβυλωνίων καὶ ἄλλα ἐκ Καππαδοκίης, τὰ δὲ καὶ Κίλικες φέρουσι, τὰ δὲ καὶ Ἀσσύριοι. εἶδον δὲ ἐγὼ καὶ τὰ ἐν τῷ νηῷ λάθρῃ ἀποκέαται, ἐσθῆτα πολλὴν καὶ ἄλλα ὁκόσα ἐς ἄργυρον ἢ ἐς χρυσὸν ἀποκέκριται. ὁρταὶ μὲν γὰρ καὶ πανηγύριες οὐδαμοῖσιν ἄλλοισιν ἀνθρώπων τοσαίδε ἀποδεδέχαται.

ἀκούω: to hear
ἄνθρωπος, ὁ: a man
ἀπικνέομαι: to come to, arrive
ἀποδέκομαι: to accept, approve
ἀπόκειμαι: to be laid away
ἀποκρίνω: to set apart, render
Ἀραβία, ἡ: Arabia
ἄργυρος, ὁ: silver
Ἀσσύριος, -η, -ον: Assyrian
Βαβυλωνίος: Babylonian
βοή, ἡ: a loud cry, shout
ἐσθής, -ῆτος, ἡ: dress, clothing
ἱρόν, τό: a sacred place, temple
Καππαδοκίη, ἡ: Cappadocia
Κίλιξ, -ικος, ὁ: a Cilician
κινέω: to move
κλήζω: to shut
λάθρῃ: secretly

ναί: yes, truly
νηός, ὁ: the dwelling of a god, a temple
ξόανον, τό: a statue
οἶδα: to know
ὁκόσος, -η, -ον: as many as
ὄλβος, ὁ: wealth
ὁρτή, ἡ: a feast, holiday
οὐδαμός, -ή, -όν: no one
πανήγυρις, -εως, ἡ: an assembly, festival
πολλάκις: many times, often
πολύς, πολλή, πολύ: many
πρῶτος, -η, -ον: first, primary
τοσόσδε, -ήδε, -όνδε: so much
φέρω: to bear
Φοῖνιξ, -ικος, ὁ: a Phonecian
χρῆμα, -ατος, τό: money
χρησμηγορέω: to utter oracles
χρυσός, ὁ: gold

κινέεται: pr. mid., "they move themselves"
κλεισθέντος τοῦ ἱροῦ: ao. pas. part. of κλείω in gen. abs., "the temple having been closed"
ναὶ μὴν καὶ: indicating a climax, "and yes moreover"
ὄλβου πέρι: "concerning wealth"
ἐγὼ οἶδα: parenthetical, "I myself know"
πρῶτόν ἐστιν: "it is foremost (source)"
τὰ δὲ καὶ … τὰ δὲ καὶ: "some also the Cilicians bring, some the Assyrians"
τὰ … ἀποκέαται: rel. cl., "(the things) which are placed"
ὁκόσα … ἀποκέκριται: perf. of ἀπο-κρίνω in rel. cl., "as many as have been rendered"
οὐδαμοῖσιν ἄλλοισιν: dat. of ref., "for no others"
ἀποδεδέχαται: perf. of ἀπο-δέκομαι, "so many *have been approved*"

Lucian

[11] Ἱστορέοντι δέ μοι ἐτέων πέρι, ὁκόσα τῷ ἱρῷ ἐστιν, καὶ τὴν θεὸν αὐτοὶ ἥντινα δοκέουσιν, πολλοὶ λόγοι ἐλέγοντο, τῶν οἱ μὲν ἱροί, οἱ δὲ ἐμφανέες, οἱ δὲ κάρτα μυθώδεες, καὶ ἄλλοι βάρβαροι, οἱ μὲν τοῖσιν Ἕλλησιν ὁμολογέοντες· τοὺς ἐγὼ πάντας μὲν ἐρέω, δέκομαι δὲ οὐδαμά.

The story of Deucalion and the flood

[12] Οἱ μὲν ὦν πολλοὶ Δευκαλίωνα τὸν Σκύθεα τὸ ἱρὸν εἴσασθαι λέγουσιν, τοῦτον Δευκαλίωνα ἐπὶ τοῦ τὸ πολλὸν ὕδωρ ἐγένετο. Δευκαλίωνος δὲ πέρι λόγον ἐν Ἕλλησιν ἤκουσα, τὸν Ἕλληνες ἐπ' αὐτῷ λέγουσιν. ὁ δὲ μῦθος ὧδε ἔχει.

ἀκούω: to hear
βάρβαρος, -ον: barbarous
δέκομαι: to receive, accept
Δευκαλίων, ὁ: Deucalion
δοκέω: to deem, suppose
Ἕλλην: Greek
ἐμφανής, -ές: manifest, well-known
ἔτος, -εος, τό: a year
θεή, ἡ: a goddess
ἵζω: to place, establish
ἱρόν, τό: a sacred place, temple
ἱρός, -ή, -όν: sacred, holy

ἱστορέω: to inquire into
κάρτα: very, much
μῦθος, ὁ: a story, tale
μυθώδης, -ες: legendary, fabulous
ὁκόσος, -η, -ον: as many as
ὁμολογέω: to agree
οὐδαμός, -ή, -όν: no one, nothing
πολύς, πολλή, πολύ: many
Σκύθης, -ου, ὁ: a Scythian
ὕδωρ, ὕδατος, τό: water
ὧδε: so, thus

ἐτέων πέρι: "concerning years"
ὁκόσα (=ὁπόσα): introducing ind. quest. after ἱστορέοντι, "to me inquiring *how many there are*"
ἥντινα: "and *whom* they deemed the god to be"
οἱ μὲν... οἱ δὲ: "*some* were sacred, *others* ..."
δέκομαι: (= δέχομαι) "*I accept* none of them"
ὦν: (= οὖν) "therefore"
εἴσασθαι: ao. inf. if ἵζω after λέγουσιν, "some say *that Deucalion founded*"
ἐπὶ τοῦ: "in the time when"
τὸ πολλὸν ὕδωρ: "the great flood." Flood stories are common to many near eastern traditions.
τὸν ... λέγουσιν: rel. cl., "which they say"
οἱ νῦν ἄνθρωποι: "present day people"
ὤλοντο: ao. of ὄλλυμι, "all *were destroyed*"
τὸ αὖτις: "the second (race)"

On the Syrian Goddess

Ἥδε ἡ γενεή, οἱ νῦν ἄνθρωποι, οὐ πρῶτοι ἐγένοντο, ἀλλ' ἐκείνη μὲν ἡ γενεὴ πάντες ὤλοντο, οὗτοι δὲ γένεος τοῦ δευτέρου εἰσί, τὸ αὖτις ἐκ Δευκαλίωνος ἐς πληθὺν ἀπίκετο. ἐκείνων δὲ πέρι τῶν ἀνθρώπων τάδε μυθέονται· ὑβρισταὶ κάρτα ἐόντες ἀθέμιστα ἔργα ἔπρησσον, οὔτε γὰρ ὅρκια ἐφύλασσον οὔτε ξείνους ἐδέκοντο οὔτε ἱκετέων ἠνείχοντο, ἀνθ' ὧν σφίσιν ἡ μεγάλη συμφορὴ ἀπίκετο. αὐτίκα ἡ γῆ πολλὸν ὕδωρ ἐκδιδοῖ καὶ ὄμβροι μεγάλοι ἐγένοντο καὶ οἱ ποταμοὶ κατέβησαν μέζονες καὶ ἡ θάλασσα ἐπὶ πολλὸν ἀνέβη, ἐς ὃ πάντα ὕδωρ ἐγένοντο καὶ πάντες ὤλοντο, Δευκαλίων δὲ

ἀθέμιστος, -ον: lawless, without law
ἀναβαίνω: to go up, mount
ἀνέχω: to hold up, suffer
ἄνθρωπος, ὁ: a man
ἀπικνέομαι: to come to, arrive
αὐτίκα: straightway, at once
αὖτις: again
γενεή, ἡ: a race, family
γένος, -εος, τό: a race, family
γῆ, ἡ: earth
δέκομαι: to take, accept, receive
Δευκαλίων, ὁ: Deucalion
δεύτερος, -η, -ον: second
ἐκδίδωμι: to give up, discharge
ἔργον, τό: a deed, work
θάλασσα, ἡ: a sea
ἱκέτης, -ου, ὁ: a suppliant, fugitive

κάρτα: very, much
καταβαίνω: to come down
μυθέομαι: to speak, tell
ξεῖνος, ὁ: a foreigner, stranger
ὄλλυμι: to destroy
ὄμβρος, ὁ: a heavy rain
ὅρκιον, τό: an oath
πληθύς, -ύος, ἡ: a crowd, multitude, fullness
πολύς, πολλή, πολύ: many, much
ποταμός, ὁ: a river, stream
πρήσσω: to make, do
πρῶτος, -η, -ον: first
συμφορή, ἡ: an event, circumstance
ὑβριστής, -οῦ, ὁ: an insolent man
ὕδωρ, ὕδατος, τό: water
φυλάσσω: to keep watch, guard

ἐς πληθὺν ἀπίκετο: ao. of ἀπο-ικνέομαι, "arrived to fullness"
τάδε μυθέονται: "the following things are said," usually a neut. pl. takes a singular subject
ἔπρησσον (=ἔπραττον): impf., "they used to do"
ἠνείχοντο: impf. of ἀνα-ἔχω, "they wouldn't suffer suppliants," note the double augment
ἀνθ' ὧν: rel. cl., "in response to which"
κατέβησαν: ao. of κατα-βαίνω, "they descended"
μέζονες: "more full"
ἀνέβη: ao., "the sea *rose up*"
ἐς ὅ: rel. cl., "up to which point"
πάντα ὕδωρ ἐγένοντο: "all became water"
ὤλοντο: ao. of ὄλλυμι, "all *perished*"

Lucian

μοῦνος ἀνθρώπων ἐλίπετο ἐς γενεὴν δευτέρην εὐβουλίης τε καὶ τοῦ εὐσεβέος εἵνεκα. ἡ δέ οἱ σωτηρίη ἥδε ἐγένετο: λάρνακα μεγάλην, τὴν αὐτὸς εἶχεν, ἐς ταύτην ἐσβιβάσας παῖδάς τε καὶ γυναῖκας ἑωυτοῦ ἐσέβη: ἐσβαίνοντι δέ οἱ ἀπίκοντο σύες καὶ ἵπποι καὶ λεόντων γένεα καὶ ὄφιες καὶ ἄλλα ὁκόσα ἐν γῇ νέμονται, πάντα ἐς ζεύγεα. ὁ δὲ πάντα ἐδέκετο, καί μιν οὐκ ἐσίνοντο, ἀλλά σφι μεγάλη διόθεν φιλίη ἐγένετο. καὶ ἐν μιῇ λάρνακι πάντες ἔπλευσαν ἔστε τὸ ὕδωρ ἐπεκράτεεν. τὰ μὲν Δευκαλίωνος πέρι Ἕλληνες ἱστορέουσι.

ἄνθρωπος, ὁ: a man
ἀπικνέομαι: to come to, arrive
γενεή, ἡ: a race, family
γένος, -εος, τό: a race, family
γῆ, ἡ: earth
γυνή, γυναικός, ἡ: a woman, wife
δέκομαι: to take, accept, receive
Δευκαλίων, ὁ: Deucalion
δεύτερος, -η, -ον: second
διόθεν: sent from Zeus
εἵνεκα: on account of, for the sake of (+ gen.)
εἷς, μία, ἕν: one
εἰσβαίνω: to go into
εἰσβιβάζω: to put on board
Ἕλλην: Greek
ἐπικρατέω: to rule
ἔστε: while, until
εὐβουλία, ἡ: good counsel, prudence

εὐσεβής, -ές: righteous, pious
ζεῦγος, -εος, τό: a yoke, pair
ἵππος, ὁ: a horse
ἱστορέω: to inquire
λάρναξ, -ακος, ἡ: an ark
λείπω: to leave
λέων, -οντος, ὁ: a lion
μοῦνος, -η, -ον: alone, only
νέμομαι: to pasture, inhabit, dwell
ὁκόσος, -η, -ον: as many as
ὄφις, -εως, ὁ: a serpent, snake
παῖς, ὁ: a boy, child
πλέω: to sail
σίνομαι: to do harm, hurt
σῦς, συός, ὁ: a boar, swine
σωτηρίη, ἡ: salvation, deliverance
ὕδωρ, ὕδατος, τό: water
φιλίη, ἡ: affection, friendship

ἐλίπετο: ao. mid. of λείπω, "was left"
εὐβουλίης: gen. with εἵνεκα, "because of good character"
οἱ: dat. s. of the pers. pron., "his"
τὴν: rel. pron., "an ark which he himself had"
ἐσβιβάσας: ao. part. of ἐσβιβάζω, "having put on board"
ἑωυτοῦ: (= ἑαυτοῦ) "his own"
ἐσέβη: ao. of ἐσ-βαίνω, "he boarded"
ἄλλα ὁκόσα: "other beasts, as many as grazed"
ἐς ζεύγεα: "all in pairs"
ὁ δὲ: "and he (Deucalion)"
σφι: dat. pl., "to them"
διόθεν: "from Zeus"
ἔστε ἐπεκράτεεν: impf., "while the water was ruling"
Δευκαλίωνος πέρι: "concerning Deucalion"

Time and Aspect: Translating the Aorist Participle

The term "tense" (from the French word for "time") is a little misleading, since time is only one factor in the Greek verb system. The forms of the indicative tenses are a combination of time and aspect, the latter indicating the character of the action, of which there are three: continuous action, completed action, and simple action. So, for example, there are three time-aspect combinations in the past:

Time-aspect	Form	Translation	Traditional name
past continuous action	ἐπαυόμην	"I was ceasing"	imperfect tense
past simple action	ἐπαυσάμην	"I ceased"	aorist tense
past completed action	ἐπεπαύμην	"I had ceased"	pluperfect tense

The traditional names for these "tenses" are also often confusing. In the examples above, the names "imperfect" and "aorist" refer to aspect only. However, the name "present tense" refers only to time. It is too late to change this nomenclature now, but it is important to be aware of the true differences among various verb forms, particularly since the morphology of the Greek verb is based on the three aspect stems, underlined for the verb παύομαι in the example above.

Imperatives and subjunctives are only distinguished by aspect. This is true for participles as well, except for the future participle, which has limited uses and always refers to future time. English has a present participle (ceasing) and a perfect participle (having ceased), but no aorist participle. It is thus difficult to translate accurately into English aorist participles without some circumlocution to give the sense of simple action. Usually we are stuck with something like "having ceased," which sounds more like a perfect participle. The alternative is to use a noun or a subordinate clause:

γελάσας: "with a laugh"
ἀποκρινάμενος: "in answer"
παυσάμενος: "once he had ceased"

In our commentary, we have consistently translated aorist participles as though they were perfect participles, but this is a case of translationese that is meant to indicate the syntactical relations, and there is often a better way to render such expressions in English. Here are some examples from the commentary:

τυχὼν: ao. part. of τυγχάνω, "having *gotten* this"
πεσὼν: ao. part. of πίπτω, "having fallen"
καταθέντες: ao. part. of κατα-τίθημι, "having deposited"
ἐπιγράψαντες: ao. part. of ἐπι-γράφω, "each *having inscribed on*"
ὀλέσας: ao. part. of ὄλλυμι, "having lost"
ἀπικόμενοι: ao. part., "having arrived"
καλέσας: ao. part., "having summoned"
ὑποδύντες: ao. part., "having put themselves underneath"
θέμενος: ao. part. of τίθημι, "having placed"

Lucian

[13] Τὸ δὲ ἀπὸ τούτου λέγεται λόγος ὑπὸ τῶν ἐν τῇ ἱρῇ πόλει μεγάλως ἄξιος θωυμάσαι, ὅτι ἐν τῇ σφετέρῃ χώρῃ χάσμα μέγα ἐγένετο καὶ τὸ σύμπαν ὕδωρ κατεδέξατο: Δευκαλίων δέ, ἐπεὶ τάδε ἐγένετο, βωμούς τε ἔθετο καὶ νηὸν ἐπὶ τῷ χάσματι Ἥρης ἅγιον ἐστήσατο. ἐγὼ δὲ καὶ τὸ χάσμα εἶδον, καὶ ἔστιν ὑπὸ τῷ νηῷ κάρτα μικρόν. εἰ μὲν ὦν πάλαι καὶ μέγα ἐὸν νῦν τοιόνδε ἐγένετο, οὐκ οἶδα: τὸ δὲ ἐγὼ εἶδον, μικρόν ἐστιν.

Σῆμα δὲ τῆς ἱστορίης τόδε πρήσσουσιν. δὶς ἑκάστου ἔτεος ἐκ θαλάσσης ὕδωρ ἐς τὸν νηὸν ἀπικνέεται. φέρουσι δὲ

ἅγιος, -η, -ον: sacred, holy
ἄξιος, -ίη, -ον: worthy
ἀπικνέομαι: to come to, arrive
βωμός, ὁ: an altar
δίς: twice
ἕκαστος, -η, -ον: each, every
ἔτος, -εος, τό: a year
Ἥρη, ἡ: Hera
θάλασσα, ἡ: a sea
θαυμάζω: to wonder, marvel
ἱρός, -ή, -όν: sacred, holy
ἵστημι: to make to stand, set up
ἱστορίη, ἡ: an inquiry, history
κάρτα: very, much
καταδέκομαι: to receive, admit
λόγος, ὁ: a word, account
μεγάλως: greatly

μικρός, -ή, -όν: small, little
νηός, ὁ: the dwelling of a god, a temple
οἶδα: to know
πάλαι: long ago
πόλις, -ιος, ἡ: a city
πρήσσω: to make, do
σῆμα, -ατος, τό: a sign, mark, token
σύμπας, -πασα, -παν: all together, all at once
σφέτερος, -η, -ον: their own
τίθημι: to set, put, place
τοιόσδε, -ήδε, -όνδε: such
ὕδωρ, ὕδατος, τό: water
φέρω: to bear, carry
χάσμα, -ατος, τό: a chasm, gulf
χώρη, ἡ: a place, space, land

Τὸ δὲ ἀπὸ τούτου: acc. of resp., "as for the part from here" i.e. from the end of the Greek story of Deucalion
θωυμάσαι: ao. epexegetic inf. after ἄξιος, "worthy *to wonder at*"
κατεδέξατο: ao. mid. of κατα-δέκομαι, "was received"
ἔθετο: ao. mid. of τίθημι, "he dedicated"
Ἥρης ἅγιον: "sacred to Hera"
ἐστήσατο: ao. trans. of ἵστημι, "he established"
εἰ... νῦν τοιόνδε ἐγένετο: "whether (the chasm) became such as it is now," i.e. whether it became smaller later
πάλαι καὶ μέγα ἐόν: "being large in the days of old"
ἑκάστου ἔτεος: gen. of time within which, "twice *in the course of each year*"

On the Syrian Goddess

οὐκ ἰρέες μοῦνον, ἀλλὰ πᾶσα Συρίη καὶ Ἀραβίη, καὶ πέρηθεν τοῦ Εὐφρήτεω πολλοὶ ἄνθρωποι ἐς θάλασσαν ἔρχονται καὶ πάντες ὕδωρ φέρουσιν, τὸ πρῶτα μὲν ἐν τῷ νηῷ ἐκχέουσι, μετὰ δὲ ἐς τὸ χάσμα κατέρχεται, καὶ δέκεται τὸ χάσμα μικρὸν ἐὸν ὕδατος χρῆμα πολλόν. τὰ δὲ ποιέοντες Δευκαλίωνα ἐν τῷ ἰρῷ τόνδε νόμον θέσθαι λέγουσι συμφορῆς τε καὶ εὐεργεσίης μνῆμα ἔμμεναι.

Semiramis and Derceto

[14] Ὁ μὲν ὦν ἀρχαῖος αὐτοῖσι λόγος ἀμφὶ τοῦ ἱροῦ τοιόσδε ἐστίν. ἄλλοι δὲ Σεμίραμιν τὴν Βαβυλωνίην, τῆς δὴ

ἀμφί: on both sides
ἄνθρωπος, ὁ: a man
Ἀραβίη, ἡ: Arabia
ἀρχαῖος, -η, -ον: ancient
Βαβυλώνιος: Babylonian
δέκομαι: to take, accept, receive
Δευκαλίων, ὁ: Deucalion
ἐκχέω: to pour out
ἔρχομαι: to go
εὐεργεσίη, ἡ: well-doing, good work
Εὐφρήτης, -εω, ἡ: Euphrates
θάλασσα, ἡ: a sea
ἱερεύς, ὁ: a priest
ἱρόν, τό: a sacred place, temple
κατέρχομαι: to go down, descend
μικρός, -ή, -όν: small, little
μνῆμα, -ατος, τό: a memorial, remembrance

μοῦνος, -η, -ον: alone, only
νηός, ὁ: the dwelling of a god, a temple
νόμος, ὁ: a law, custom
πέρηθεν: from beyond, from the far side
ποιέω: to make, do
πρῶτος, -η, -ον: first
Σεμίραμις, -εως, ἡ: Semiramis
συμφορή, ἡ: an event, circumstance
Συρίη, ἡ: Syria
τίθημι: to set, put, place
τοιόσδε, -ήδε, -όνδε: such
ὕδωρ, ὕδατος, τό: water
φέρω: to bear, carry
χάσμα, -ατος, τό: a chasm, gulf
χρῆμα, -ατος, τό: a lot, a deal

τὸ πρῶτα μὲν ... μετὰ δὲ: "at first ... but later"
μικρὸν ἐόν: pr. part. concessive, "although being small"
τὰ δὲ ποιέοντες: "those doing these things"
θέσθαι: ao. inf. in ind. st. after λέγουσι, "that Deucalion established"
ἔμμεναι: inf. of purpose, "in order to be"
αὐτοῖσι: dat. pl., "among them"
τοιόσδε ἐστίν: "is as follows"
Σεμίραμιν τὴν Βαβυλωνίην: Semiramis is based on the historical Shammuramat, a late 9th C. Assyrian queen.
τῆς δή: rel. pron. gen., "whose many works indeed"

Lucian

πολλὰ ἔργα ἐν τῇ Ἀσίῃ ἐστίν, ταύτην καὶ τόδε τὸ ἔδος εἴσασθαι νομίζουσιν, οὐκ Ἥρῃ δὲ εἴσασθαι ἀλλὰ μητρὶ ἑωυτῆς, τῆς Δερκετὼ οὔνομα. Δερκετοῦς δὲ εἶδος ἐν Φοινίκῃ ἐθεησάμην, θέημα ξένον· ἡμισέη μὲν γυνή, τὸ δὲ ὁκόσον ἐκ μηρῶν ἐς ἄκρους πόδας ἰχθύος οὐρὴ ἀποτείνεται. ἡ δὲ ἐν τῇ ἱρῇ πόλει πᾶσα γυνή ἐστιν, πίστιες δὲ τοῦ λόγου αὐτοῖσιν οὐ κάρτα ἐμφανέες. ἰχθύας χρῆμα ἱρὸν νομίζουσιν καὶ οὔκοτε ἰχθύων ψαύουσι· καὶ ὄρνιθας τοὺς μὲν ἄλλους σιτέονται, περιστερὴν δὲ μούνην οὐ σιτέονται, ἀλλὰ σφίσιν ἥδε ἱρή. τὰ δὲ

ἄκρος, -η, -ον: outermost, furthest
ἀποτείνω: to stretch out, extend
Ἀσίη, ἡ: Asia
γυνή, γυναικός, ἡ: a woman, wife
Δερκετώ, -τοῦς, ἡ: Derketo
ἕδος, -εος, τό: a sitting-place, foundation
εἶδος, -εος, τό: a form, shape, figure
ἐμφανής, -ές: visible, evident
ἔργον, τό: a deed, work
ἥμισυς, -ειη, -υ: half
Ἥρη, ἡ: the goddess Hera
θεάομαι: to view, behold
θέημα, -ατος, τό: a sight, show, spectacle
ἵζω: to establish, found
ἱρός, -ή, -όν: sacred, holy
ἰχθύς, -ύος, ὁ: a fish
κάρτα: very, much
μηρός, ὁ: a thigh

μήτηρ, μητερος, ἡ: a mother
μοῦνος, -η, -ον: alone, only
νομίζω: to believe, think
ξεῖνος, -η, -ον: foreign, strange
ὅδε: this
ὁκόσος, -η, -ον: as many as, as much as
ὄρνις, ὄρνιθος, ὁ: a bird
οὔνομα, -ματα, τό: a name
οὐρή, ἡ: a tail
περιστερή, ἡ: a pigeon
πίστις, -ιος, ἡ: faith, assurance
πόλις, -ιος, ἡ: a city
πούς, ποδός, ὁ: a foot
σιτέω: to eat
Φοινίκη, ἡ: Phonecia
χρῆμα, -ατος, τό: an object
ψαύω: to touch

ταύτην ... εἴσασθαι: ao. inf. of ἵζω after νομίζουσιν, "*that she founded*"
τῆς ... οὔνομα: "*whose name* was Derketo," a goddess of Ascalon sometimes described as a mermaid
ἡμισέη μὲν ... τὸ δὲ ὁκόσον: "while half is ... the part as far as"
ἰχθύος οὐρὴ: pred. of ἀποτείνεται, "extend out as a fishtail"
ἡ δὲ ἐν τῇ ἱρῇ πόλει: "the figure in Hieropolis"
πίστιες; nom. pl., "*the assurances* of this account"
ἰχθύας (sc. εἶναι): after νομίζουσιν, "they think *that fish are*"
οὔκοτε (=οὔ ποτε): "not ever"
ἰχθύων: gen. pl. after ψαύουσι, "they never touch *fish*"
ἥδε ἱρή: "this (the pigeon) is sacred to them"

On the Syrian Goddess

Bust of an aquatic goddess, crowned with twin fish. White limestone, from Khirbet Et-Tannur, Transjordan. (Late 1st century BCE to early 1st century CE)
Drawing © S. Beaulieu

γιγνόμενα δοκέει αὐτοῖς ποιέεσθαι Δερκετοῦς καὶ Σεμιράμιος εἵνεκα, τὸ μὲν ὅτι Δερκετὼ μορφὴν ἰχθύος ἔχει, τὸ δὲ ὅτι τὸ Σεμιράμιος τέλος ἐς περιστερὴν ἀπίκετο. ἀλλ' ἐγὼ τὸν μὲν νηὸν ὅτι Σεμιράμιος ἔργον ἐστὶν τάχα κου δέξομαι· Δερκετοῦς δὲ τὸ ἱρὸν ἔμμεναι οὐδαμὰ πείθομαι, ἐπεὶ καὶ παρ' Αἰγυπτίων ἐνίοισιν ἰχθύας οὐ σιτέονται, καὶ τάδε οὐ Δερκετοῖ χαρίζονται.

Αἰγύπτιος, -η, -ον: Egyptian
ἀπικνέομαι: to come to
δέκομαι: to take, accept, receive
Δερκετώ, -τοῦς, ἡ: Derketo
εἵνεκα: on account of, for the sake of (+ gen.)
ἔνιοι, -αι, -α: some
ἔργον, τό: a deed, work
ἱρόν, τό: a sacred place, temple
ἰχθύς, -ύος, ὁ: a fish

μορφή, ἡ: a form, shape
νηός, ὁ: the dwelling of a god, a temple
οὐδαμός, -ή, -όν: no one, nothing
πείθω: to win over, persuade
περιστερή, ἡ: a pigeon
ποιέω: to make, do
σιτέω: take food, eat
τάχα: quickly, forthwith
τέλος, -εος, τό: an end
χαρίζω: to grant

ποιέεσθαι: pr. pas. inf. after δοκέει, "these seem *to be done*"
τὸ Σεμιράμιος τέλος: "the lower part of Semiramis"
ἀπίκετο: ao. of ἀπο-ἱκνέομαι "*comes to* a pigeon"
τὸν μὲν νηὸν ... Δερκετοῦς δὲ τὸ ἱρὸν: "*while the sanctuary* I will accept ... *the temple* I do not believe"
τάχα κου: "probably"
ἔμμεναι: pr. inf., "that the temple *is of* D."
παρ' Αἰγυπτίων ἐνίοισιν: "among some of the Egyptians"
Δερκετοῖ: dat. ind. obj., "they do not grant these things *to Derceto*"

Lucian

Attis and Rhea

[15] Ἔστιν δὲ καὶ ἄλλος λόγος ἱρός, τὸν ἐγὼ σοφοῦ ἀνδρὸς ἤκουσα, ὅτι ἡ μὲν θεὴ Ῥέη ἐστίν, τὸ δὲ ἱρὸν Ἄττεω ποίημα. Ἄττης δὲ γένος μὲν Λυδὸς ἦν, πρῶτος δὲ τὰ ὄργια τὰ ἐς Ῥέην ἐδιδάξατο. καὶ τὰ Φρύγες καὶ Λυδοὶ καὶ Σαμόθρακες ἐπιτελέουσιν, Ἄττεω πάντα ἔμαθον. ὡς γάρ μιν ἡ Ῥέη ἔτεμεν, βίου μὲν ἀνδρηίου ἀπεπαύσατο, μορφὴν δὲ θηλέην ἠμείψατο καὶ ἐσθῆτα γυναικηίην ἐνεδύσατο καὶ ἐς πᾶσαν γῆν φοιτέων

ἀκούω: to hear
ἀμείβω: to change
ἀνδρεῖος, -η, -ον: of a man, manly
ἀνήρ, ἀνδρός, ὁ: a man
ἀποπαύω: to stop from, make to cease from
Ἄττης, -εω, ὁ: Attis
βίος, ὁ: life
γένος, -εος, τό: a race, family
γῆ, ἡ: earth
γυναικηῖος, -η, -ον: of a woman, feminine
διδάσκω: to teach
ἐνδύω: to go into, put on
ἐπιτελέω: to accomplish, perform
ἐσθής, -ῆτος, ἡ: dress, clothing
θεή, ἡ: a goddess

θῆλυς, θήλεα, θῆλυ: female
ἱρόν, τό: a sacred place, temple
Λυδός, -η, -ον: Lydian
μανθάνω: to learn
μορφή, ἡ: form, shape
ὄργια, -ίων, τά: orgies, sacred rites
ποίημα, -ατος, τό: anything made or done
πρῶτος, -η, -ον: first
Ῥέη, ἡ: Rhea
Σαμόθραξ, -θρακος, ὁ: a Samothracian
σοφός, -ή, -όν: wise
τάμνω: to cut
φοιτέω: to wander
Φρύξ, Φρυγός, ὁ: a Phrygian

τὸν ... ἀνδρὸς: the acc. expresses what was heard, the gen. the source; "which I heard from a man"
Ῥέη: the Phrygian goddess Cybele, along with her consort Attis, was associated by the Greeks with the Cretan goddess Rhea.
γένος: acc. of resp., "by race"
ἐδιδάξατο: ao., "he first taught"
καὶ τὰ: *and these things which* the Lydians practice"
Ἄττεω: gen. of source, "from Attis"
ἔμαθον: ao. of μανθάνω, "they learned"
ἔτεμεν: ao. of τάμνω, "when she *cut* him," i.e. castrated him
ἀπεπαύσατο: ao. mid. of ἀπο-παύω, "he ceased from" + gen.
ἠμείψατο: ao. of ἀμείβω, "he changed to" + acc.
ἐνεδύσατο: ao. of ἐν-δύω, "he put on"

On the Syrian Goddess

ὄργιά τε ἐπετέλεεν καὶ τὰ ἔπαθεν ἀπηγέετο καὶ Ῥέην ἤειδεν. ἐν τοῖσιν καὶ ἐς Συρίην ἀπίκετο. ὡς δὲ οἱ πέρην Εὐφρήτεω ἄνθρωποι οὔτε αὐτὸν οὔτε ὄργια ἐδέκοντο, ἐν τῷδε τῷ χώρῳ τὸ ἱρὸν ἐποιήσατο. σημήια δέ· ἡ θεὸς τὰ πολλὰ ἐς Ῥέην ἐπικνέεται. λέοντες γάρ μιν φέρουσι καὶ τύμπανον ἔχει καὶ ἐπὶ τῇ κεφαλῇ πυργοφορέει, ὁκοίην Ῥέην Λυδοὶ ποιέουσιν. ἔλεγεν δὲ καὶ Γάλλων πέρι, οἵ εἰσιν ἐν τῷ ἱρῷ, ὅτι Γάλλοι Ἥρῃ μὲν οὐδαμά, Ῥέῃ δὲ τέμνονται καὶ Ἄττεα μιμέονται.

ἀείδω: to sing, praise with song
ἄνθρωπος, ὁ: a man
ἀπηγέομαι: to relate, narrate
ἀπικνέομαι: to come to, arrive
Γάλλος, ὁ: a priest of Cybele
δέκομαι: to take, accept, receive
ἐπικνέομαι: to come upon
ἐπιτελέω: to finish, perform
Ἥρη, ἡ: the goddess Hera
ἱρόν, τό: a sacred place, temple
κεφαλή, ἡ: a head
λέων, -οντος, ὁ: a lion
Λυδός, ὁ: a Lydian
μιμέομαι: to imitate, represent

ὁκοῖος, -η, -ον: of what sort, what kind
ὄργια, -ίων, τά: orgies, secret rites
οὐδαμός, -ή, -όν: no one, nothing
πάσχω: to suffer
πέρην: on the other side, beyond
ποιέω: to make, do
πυργοφορέω: to carry a tower
Ῥέη, ἡ: Rhea
σημηῖον, τό: a sign, a mark, token
Συρίη, ἡ: Syria
τέμνω: to cut
τύμπανον, τό: a kettledrum
φέρω: to bear
χῶρος, ὁ: a piece of ground, place

ἐπετέλεεν: impf., "he kept performing"
τὰ ἔπαθεν: ao. of πάσχω, "(the things) which he had suffered"
ἀπηγέετο: impf. of ἀπο-ἡγέομαι, "he narrated"
ἤειδεν: impf. of ἀείδω, "he kept singing of" + acc.
ἐν τοῖσιν: "among which (places)"
ἐδέκοντο: impf., "*they would receive* neither"
ἐν τῷδε τῷ χώρῳ: "on that very spot"
σημήια: n. pl., "and here are the indications (that this is true)"
ἐπικνέεται: pr. of ἐπι-ικνέομαι, "comes upon" i.e. befits or resembles
τὰ πολλὰ: acc. of resp., "in many ways"
μιν: "her," i.e. Atargatis; note the casual change in subject
πυργοφορέει: "she carries a tower," an image of Cybele common in representations, along with the lions and drum
ὁκοίην Ῥέην: "*such as* they portray *Rhea*"
Γάλλων πέρι: "concerning the Galli," the castrati devoted to Cybele
οὐδαμά: "not at all"
Ἥρῃ, Ῥέῃ: dat. of advantage, "for Hera," "for Rhea"

Lucian

Dionysus

Goddess with mural crown and doves, probably Artargatis identified with Aphrodite. Relief from the temple of Adonis at Dura-Europos. (1st century BCE) Drawing © S. Beaulieu

[16] Τὰ δέ μοι εὐπρεπέα μὲν δοκέει ἔμμεναι, ἀληθέα δὲ οὔ: ἐπεὶ καὶ τῆς τομῆς ἄλλην αἰτίην ἤκουσα πολλὸν πιστοτέρην. ἀνδάνει δέ μοι ἃ λέγουσιν τοῦ ἱροῦ πέρι τοῖς Ἕλλησι τὰ πολλὰ ὁμολογέοντες, τὴν μὲν θεὸν Ἥρην δοκέοντες, τὸ δ' ἔργον Διονύσου τοῦ Σεμέλης ποίημα: καὶ γὰρ δὴ Διόνυσος ἐς Συρίην ἀπίκετο κείνην ὁδὸν τὴν ἦλθεν ἐς Αἰθιοπίην. καὶ ἔστι πολλὰ ἐν τῷ ἱρῷ Διονύσου ποιητέω σήματα, ἐν τοῖσι καὶ ἐσθῆτες

Αἰθιοπίη, ἡ: Aetheopia
αἰτίη, ἡ: a cause
ἀκούω: to hear
ἀληθής, -ές: true, genuine
ἀνδάνω: to please
ἀπικνέομαι: to come to, arrive
Διόνυσος, ὁ: Dionysus
Ἕλλην: Greek
ἔργον, τό: a deed, work
ἔρχομαι: to go, come
ἐσθής, -ῆτος, ἡ: dress, clothing

εὐπρεπής, -ές: specious, plausible
Ἥρη, ἡ: Hera
ἱρόν, τό: a sacred place, temple
ὁδός, ἡ: a way, journey
ὁμολογέω: to agree
πιστός, -ή, -όν: trustworthy, believable
ποίημα, -ατος, τό: something made
ποιητής, -οῦ, ὁ: one who makes
σῆμα, -ατος, τό: a sign, mark, token
Συρίη, ἡ: Syria
τομή, ἡ: a cutting, castration

εὐπρεπέα μὲν, ἀληθέα δὲ οὔ: "while plausible ...not true"
πολλὸν: adverbial, "more trustworthy *by much*"
ἃ λέγουσιν: "what they say," the clause is the subject of ἀνδάνει
ὁμολογέοντες: pr. part. agreeing with the subj. of λέγουσιν, "agreeing with" + dat.
τὰ πολλὰ: acc. of resp., "in many things"
τὴν μὲν θεὸν ... τὸ δ' ἔργον: "supposing *the goddess* to be ... *the building* to be"
καὶ γὰρ δὴ: "for indeed it is true"
κείνην ὁδὸν: "along that journey"
ἦλθεν: ao. of ἔρχομαι, "which he *came*"
Διονύσου ποιητέω: gen., "signs *of Dionysus* (being) *the maker*"
ἐν τοῖσι: rel. cl., "*among which are*"

On the Syrian Goddess

βάρβαροι καὶ λίθοι Ἰνδοὶ καὶ ἐλεφάντων κέρεα, τὰ Διόνυσος ἐξ Αἰθιόπων ἤνεικεν, καὶ φαλλοὶ δὲ ἑστᾶσι ἐν τοῖσι προπυλαίοισι δύο κάρτα μεγάλοι, ἐπὶ τῶν ἐπίγραμμα τοιόνδε ἐπιγέγραπται, "τούσδε φαλλοὺς Διόνυσος Ἥρῃ μητρυιῇ ἀνέθηκα." τὸ ἐμοὶ μέν νυν καὶ τόδε ἀρκέει, ἐρέω δὲ καὶ ἄλλ' ὅ τι ἐστὶν ἐν τῷ νηῷ Διονύσου ὄργιον. φαλλοὺς Ἕλληνες Διονύσῳ ἐγείρουσιν, ἐπὶ τῶν καὶ τοιόνδε τι φέρουσιν, ἄνδρας μικροὺς ἐκ ξύλου πεποιημένους, μεγάλα αἰδοῖα ἔχοντας·

αἰδοῖα, τά: genitals
Αἰθίοψ, -οπος, ὁ: Aethiopian
ἀνατίθημι: to set up, dedicate
ἀνήρ, ἀνδρός, ὁ: a man
ἀρκέω: to be enough, suffice
βάρβαρος, -ον: barbaric
Διόνυσος, ὁ: Dionysus
δύο: two
ἐγείρω: to rouse, erect
ἐλέφας, -αντος, ὁ: an elephant
Ἕλλην: Greek
ἐπίγραμμα, -ατος, τό: an inscription
ἐπιγράφω: to mark, write upon
Ἥρη, ἡ: the goddess Hera
Ἰνδός, -ή, -όν: Indian

ἵστημι: to make to stand, set up
κάρτα: very, much
κέρας, τό: a horn, tusk
λίθος, ὁ: a stone
μητρυιή, -ῆς, ἡ: a stepmother
μικρός, -ή, -όν: small, little
νηός, ὁ: the dwelling of a god, a temple
ξύλον, τό: wood
ὄργιον, τό: a rite
ποιέω: to make, do
προπύλαια, τά: an entrance, gateway
τοιόσδε, -ήδε, -όνδε: such
φαλλός, ὁ: a phallus
φέρω: to bear, carry

τὰ ... ἤνεικεν: ao. of φέρω, "which D. brought"
ἑστᾶσι: pf. of ἵστημι, "phalluses are standing"
ἐπὶ τῶν: "upon which"
ἐπιγέγραπται: perf., "is inscribed"
ἀνέθηκα: ao. 1 s. of ἀνα-τίθημι, "I, Dionysus, dedicated"
Ἥρῃ μητρυιῇ: dat., "to Hera, my stepmother"
ἐμοὶ μέν ... ἐρέω δὲ καὶ: "for me this suffices ... but I will also tell"
ἄλλο ... ὄργιον: "another rite" the singular form is more rare than the plural τὰ ὄργια
ἐπὶ τῶν: rel. cl., "upon which"
καὶ τοιόνδε τι: "also something else as follows"
πεποιημένους: perf. part., "made of wood"

Lucian

καλέεται δὲ τάδε νευρόσπαστα. ἔστι δὲ καὶ τόδε ἐν τῷ ἱρῷ: ἐν δεξιῇ τοῦ νηοῦ κάθηται μικρὸς ἀνὴρ χάλκεος ἔχων αἰδοῖον μέγα.

Stratonice and Antiochus

[17] Τοσάδε μὲν ἀμφὶ τῶν οἰκιστέων τοῦ ἱροῦ μυθολογέουσιν. ἤδη δὲ ἐρέω καὶ τοῦ νηοῦ πέρι θέσιός τε ὅκως ἐγένετο καὶ ὅστις μιν ἐποιήσατο. λέγουσι τὸν νηὸν τὸν νῦν ἐόντα μὴ ἔμμεναι τὸν τὴν ἀρχὴν γεγενημένον, ἀλλ' ἐκεῖνον μὲν κατενεχθῆναι χρόνῳ ὕστερον, τὸν δὲ νῦν ἐόντα Στρατονίκης ἔμμεναι ποίημα, γυναικὸς τοῦ Ἀσσυρίων βασιλέως.

αἰδοῖα, τά: genitals
ἀρχή, ἡ: a beginning, origin
Ἀσσύριος, -η, -ον: Assyrian
βασιλεύς, -έως, ὁ: a king, chief
γυνή, γυναικὸς, ἡ: a woman, wife
δεξιός, -ή, -όν: on the right hand
θέσις, -ιος, ἡ: a setting, placement
ἱρόν, τό: a sacred place, temple
κάθημαι: to sit
καλέω: to call
καταφέρω: to bring down, destroy
μικρός, -ή, -όν: small, little

μυθολογέω: to tell tales or legends
νευρόσπαστον, τό: a puppet
νηός, ὁ: the dwelling of a god, a temple
οἰκιστής, -οῦ, ὁ: a founder
ποιέω: to make
ποίημα, -ατος, τό: something made
Στρατονίκη, ἡ: Stratonice
τοσόσδε, -ήδε, -όνδε: such
ὕστερος, -η, -ον: latter, last
χάλκεος, -έη, -εον: of bronze
χρόνος, ὁ: time

ἔστι δὲ καὶ τόδε: "there is the very thing"
τοῦ νηοῦ πέρι: "about the sanctuary"
ἐρέω: fut. of λέγω, "I will speak"
ὅκως ἐγένετο: ao. in ind. quest., "how it became"
μιν: acc., "it," i.e. the sanctuary
τὸν νῦν ἐόντα: the phrase is attributive, "the present one"
μὴ ἔμμεναι: pr. inf. in ind. st. after λέγουσι, "that the sanctuary *is certainly not*," μὴ instead of οὐ expresses strong assurance
τὸν γεγενημένον: perf. part. pred., "is not *the one that was built*"
τὴν ἀρχὴν: acc. of resp., "originally"
κατενεχθῆναι: ao. pas. inf. of κατα-φέρω continuing ind. st., "that the former one *was destroyed*"
ἔμμεναι: pr. inf., "that the current one *was* the work"
Στρατονίκης: The wife of Seleucus Nicator (358 BC - 281 BC) and then his son, Antiochus (d. 261). Her story is told in numerous Greek sources.

On the Syrian Goddess

Δοκέει δέ μοι ἡ Στρατονίκη ἐκείνη ἔμμεναι, τῆς ὁ πρόγονος ἠρήσατο, τὸν ἤλεγξεν τοῦ ἰητροῦ ἐπινοίη· ὡς γὰρ μιν ἡ συμφορὴ κατέλαβεν, ἀμηχανέων τῷ κακῷ αἰσχρῷ δοκέοντι κατ' ἡσυχίην ἐνόσεεν, ἔκειτο δὲ ἀλγέων οὐδέν, καί οἱ ἥ τε χροιὴ πάμπαν ἐτρέπετο καὶ τὸ σῶμα δι' ἡμέρης ἐμαραίνετο. ὁ δὲ ἰητρὸς ὡς εἶδέ μιν ἐς οὐδὲν ἐμφανὲς ἀρρωστέοντα, ἔγνω τὴν νοῦσον ἔρωτα ἔμμεναι. ἔρωτος δὲ ἀφανέος πολλὰ σημήια, ὀφθαλμοί τε ἀσθενέες καὶ φωνὴ καὶ

αἰσχρός, -ή, -όν: shameful
ἀλγέω: to feel pain, suffer
ἀμηχανάω: to be at a loss
ἀρρωστέω: to be sick
ἀσθενής, -ές: weak, feeble
ἀφανής, -ές: unseen, invisible
γιγνώσκω: to know
ἐλέγχω: to disgrace, expose
ἐμφανής, -ές: visible, evident
ἐπινοίη, ἡ: though, attention
ἐράμαι: to love
ἔρως, -ωτος, ὁ: love
ἡμέρη, ἡ: a day
ἡσυχίη, ἡ: stillness, silence
ἰητρός, ὁ: a physician

καταλαμβάνω: to seize upon, lay hold of
κεῖμαι: to be laid
μαραίνω: to waste, wither
νοσέω: to be sick
νοῦσος, ἡ: a sickness, disease
ὀφθαλμός, ὁ: an eye
πάμπαν: wholly, altogether
πρόγονος, ὁ: a stepson
σημήιον, τό: a sign, mark, token
Στρατονίκη, ἡ: Stratonice
συμφορά, ἡ: a circumstance, misfortune
σῶμα, -ατος, τό: a body
τρέπω: to turn, change
φωνή, ἡ: a sound, tone
χροιή, ἡ: a surface, appearance, color

τῆς ὁ πρόγονος: rel. cl., "*whom her stepson* loved"
ἠρήσατο: ao. mid. of ἐράμαι, "desired passionately" + gen., but not the usual form (ἠράσθη) and occurs only here
τὸν: "whom," i.e. Antiochus the stepson
ἤλεγξεν: ao. of ἐλέγχω, "exposed"
μιν: "him," i.e. the stepson
κατέλαβεν: ao. of κατα-λαμβάνω, "misfortune *seized* him"
ἀμηχανέων: pr. part., "being at a loss in the face of" + dat.
αἰσχρῷ: dat. pred. of κακῷ after δοκέοντι, "an evil seeming to be *shameful*"
ἐνόσεεν: impf., "he started being sick"
ἀλγέων οὐδέν: pr. part. concessive, "although suffering no pain"
καί οἱ: dat. pers. pron., "*and his* color"
δι' ἡμέρης: "day by day"
μιν ... ἀρρωστέοντα: pr. part. in ind.st. after εἶδέ, "he saw *that he was ill*"
ἔγνω: ao. of γιγνώσκω, "he recognized"
ἔρωτα ἔμμεναι: pr. inf. in ind. st. after ἔγνω, "that the disease *was love*"
ἔρωτος ἀφανέος: gen., "of invisible love"

29

χροιῇ καὶ δάκρυα. μαθὼν δὲ ταῦτα ἐποίεε· χειρὶ μὲν τῇ δεξιῇ εἶχε τοῦ νεηνίσκου τὴν καρδίην, ἐκάλεε δὲ τοὺς ἀνὰ τὴν οἰκίην πάντας· ὁ δὲ τῶν μὲν ἄλλων ἐσιόντων πάντων ἐν ἠρεμίῃ μεγάλῃ ἦν, ὡς δὲ ἡ μητρυιὴ ἀπίκετο, τήν τε χροιὴν ἠλλάξατο καὶ ἰδρώειν ἄρξατο καὶ τρόμῳ εἴχετο καὶ ἡ καρδίη ἀνεπάλλετο. τὰ δὲ γιγνόμενα ἐμφανέα τῷ ἰητρῷ τὸν ἔρωτα ἐποίεεν, καί μιν ὧδε ἰήσατο. [18] καλέσας τοῦ νεηνίσκου τὸν πατέρα κάρτα ὀρρωδέοντα, «Ἥδε ἡ νοῦσος,» ἔφη, «ἣν ὁ παῖς

ἀλλάσσω: to change, alter
ἀναπάλλω: to dance, beat
ἀπικνέομαι: to come to, arrive
ἄρχω: to begin
δάκρυον, τό: a tear
δεξιός, -ή, -όν: right, on the right
ἐμφανής, -ές: manifest, visible
ἔρως, -ωτος, ὁ: love
ἐσέρχομαι: to go in
ἠρεμίη, ἡ: rest, quietude
ἰάομαι: to heal, cure
ἰδρόω: to sweat, perspire
ἰητρός, ὁ: a physician
καλέω: to call
καρδίη, ἡ: a heart

κάρτα: very, much
μανθάνω: to learn
μητρυιή, -ῆς, ἡ: a stepmother
νεηνίσκος, ὁ: a youth, young man
νοῦσος, ἡ: an illness, sickness
οἰκίη, ἡ: a building, house, dwelling
ὀρρωδέω: to fear, dread,
παῖς, ὁ: a child, boy
πατήρ, ὁ: a father
ποιέω: to make, do
τρόμος, ὁ: a trembling, quivering
χείρ, χειρός, ἡ: a hand
χροιή, ἡ: a surface, skin, color
ὧδε: so, thus

μαθών: ao. part. of μανθάνω, "having learned"
χειρὶ: dat. of means, "with his hand"
εἶχε: impf. of ἔχω, "he was holding"
ἄλλων ἐσιόντων: pr. part. of ἐσ-έρχομαι in gen. abs., "others entering"
ἠλλάξατο: ao. mid. of ἀλλάσσω, "he suddenly changed"
ἄρξατο: ao. (unaugmented), "he began to" + inf.
εἴχετο: impf. mid. of ἔχω, "he was seized by" + dat.
ἀνεπάλλετο: impf., "the heart *began beating rapidly*"
ἐμφανέα: acc. pred., "made the love *obvious*"
ἰήσατο: ao. of ἰάομαι, "he treated him"
ὀρρωδέοντα: pr. part. acc. agreeing with πατέρα, "being anxious"

On the Syrian Goddess

ὅδε ἀρρωστέει, οὐ νοῦσός ἐστιν, ἀλλὰ ἀδικίη: ὅδε γάρ τοι ἀλγέει μὲν οὐδέν, ἔρως δέ μιν καὶ φρενοβλαβείη ἔχει.

ἐπιθυμέει δὲ τῶν οὐδαμὰ τεύξεται, φιλέων γυναῖκα ἐμήν, τὴν ἐγὼ οὔτι μετήσομαι.» ὁ μὲν ὦν τοιάδε σοφίῃ ἐψεύδετο. ὁ δὲ αὐτίκα ἐλίσσετο, «Πρός τε σοφίης καὶ ἰητρικῆς, μή μοι παῖδα ὀλέσῃς: οὐ γὰρ ἐθέλων ταύτῃ συμφορῇ ἔσχετο, ἀλλὰ οἱ ἡ νοῦσος ἀεκουσίη. τῷ σὺ μηδαμὰ ζηλοτυπέων πένθος ἐγεῖραι πάσῃ βασιληίῃ μηδὲ ἰητρὸς ἐὼν φόνον προξενέειν

ἀδικίη, ἡ: wrongdoing, injustice
ἀεκούσιος, -η, -ον: involuntary
ἀλγέω: to feel pain, suffer
ἀρρωστέω: to be sick
αὐτίκα: straightway, at once
βασιληίη, ἡ: a kingdom, dominion
γυνή, γυναικὸς, ἡ: a woman, wife
ἐγείρω: to awaken
ἐθέλω: to wish
ἐμός, -ή, -όν: mine
ἐπιθυμέω: to desire
ἔρως, -ωτος, ὁ: love
ζηλοτυπέω: to be jealous
ἰητρική, ἡ: medicine
ἰητρός, ὁ: a physician
λίσσομαι: to beg, pray, entreat
μετίημι: to let go

μηδαμός, -ή, -όν: none
νοῦσος, ἡ: an illness, sickness
ὄλλυμι: to destroy
οὐδαμός, -ή, -όν: no one, nothing
παῖς, παῖδος, ὁ: a boy
πένθος, -εος, τό: grief, sadness, sorrow
προξενέω: to manage, effect X (acc.) on Y (dat.)
σοφίη, ἡ: wisdom, skill
συμφορή, ἡ: a circumstance, misfortune
τοιόσδε, -ήδε, -όνδε: such
τυγχάνω: to happen upon, come upon
φιλέω: to love
φόνος, ὁ: murder, death
φρενοβλαβείη, ἡ: madness, folly
ψεύδω: to lie, trick

ἀλγέει μὲν ... ἔρως δέ: "while he suffers nothing ... yet love"
ἔχει: "has him," note the singular verb with the compound subject
τεύξεται: fut. of τυγχάνω, "he will not come upon" + gen.
μετήσομαι: fut. of μετα-ἵημι, "whom I will not release"
σοφίῃ: dat. of manner, "wisely"
ὁ δὲ: "but he," i.e. the father
ἐλίσσετο: impf., "he began begging"
πρός: + gen., "in the name of"
μή ... ὀλέσῃς: ao. subj. of ὄλλυμι in prohibition, "don't destroy!"
ἔσχετο: ao. mid. of ἔχω, "unwillingly *he is held* by" + dat.
οἱ: dat. of poss., "*his* illness"
τῷ: neut. dat. used as a connective, as in Homer, "on this account" or "wherefore"
μηδαμὰ ἐγεῖραι: ao. imper. of ἐγείρω, "*don't stir up* suffering for" + dat.
μηδὲ προξενέειν: pr. inf. used as imper., "*don't cause* death (for him)"

Lucian

ἰητρικῇ.» ὁ μὲν ὧδε ἀγνὼς ἐὼν ἐδέετο. ὁ δέ μιν αὖτις ἀμείβετο, «Ἀνόσια σπεύδεις γάμον ἐμὸν ἀπαιρεόμενος ἠδὲ ἰητρὸν ἄνδρα βιώμενος. σὺ δὲ κῶς ἂν αὐτὸς ἔπρηξας, εἴ τοι σὴν γυναῖκα ἐπόθεεν, ἐμεῦ τάδε δεόμενος;» ὁ δὲ πρὸς τάδε ἔλεγεν ὡς οὐδ' αὐτὸς ἄν κοτε γυναικὸς ἐφείσατο οὐδὲ παιδὶ σωτηρίης ἐφθόνεεν, εἰ καί τι μητρυιῆς ἐπεθύμεεν· οὐ γὰρ ὁμοίην συμφορὴν ἔμμεναι γαμετὴν ἢ παῖδα ὀλέσαι. ὡς δὲ τάδε ὁ ἰητρὸς ἤκουσεν, «Τί τοι,» ἔφη, «ἐμὲ λίσσεαι; καὶ γάρ τοι σὴν γυναῖκα ποθέει· τὰ δὲ ἐγὼ ἔλεγον πάντα ἔην ψεύδεα.»

ἀγνός, -ή, -όν: ignorant, unknowing
ἀκούω: to hear
ἀμείβω: to exchange, answer
ἀνήρ, ἀνδρός, ὁ: a man
ἀνόσιος, -ον: unholy, profane
ἀπαιρέω: to take away
βιάω: to force
γαμετή, ἡ: a wife
γάμος, ὁ: a wedding, marriage
γυνή, γυναικός, ἡ: a woman, wife
δέομαι: to ask, beg
ἐμός, -ή, -όν: mine
ἐπιθυμέω: to desire
ἰητρική, ἡ: medicine
ἰητρός, ὁ: a physician

λίσσομαι: to beg, pray, beseech
μητρυιή, -ῆς, ἡ: a stepmother
ὄλλυμι: to destroy
ὅμοιος, -η, -ον: like, similar
παῖς, παιδός, ὁ: a boy
ποθέω: to desire, long for
πρήσσω: to make, do, act
σπεύδω: to urge on, hasten
συμφορή, ἡ: an event, misfortune
σωτηρίη, ἡ: salvation, safety
φείδομαι: to spare
φθονέω: to begrudge, be jealous
ψεῦδος, -εος, τό: a falsehood, lie
ὧδε: so, thus

ἰητρικῇ: dat. of means, "by your art"
ἐδέετο: impf., "he kept begging"
ἀνόσια: n. pl., "unholy things"
  κῶς ἂν αὐτὸς ἔπρηξας: ao. in past contrafactual apodosis, "how would you have acted?"
εἴ ἐπόθεεν: impf. in pr. contrafactual protasis, "if someone were desiring"
ἐμεῦ: gen., "demanding such things *from me*"
ὡς ... ἐφείσατο: ao. of **φείδομαι** in another past contrafactual apodosis, this time in ind. st., "that he would not have spared" + gen.
εἰ ... ἐπεθύμεεν: impf. in pr. contrafactual protasis, "even if he were desiring"
συμφορὴν ἔμμεναι: pr. inf. in ind. st., "that it was not the same disaster"
ὀλέσαι: ao. inf. of **ὄλλυμι**, epexegetic after **ὁμοίην**, "the same *to lose*"
λίσσεαι: pr. 2. s. mid., "why *do you beseech* me?"
ἔην: (= ἦν) impf. of **εἰμί**, "these *were* lies"

On the Syrian Goddess

πείθεται μὲν τουτέοισι, καὶ τῷ μὲν παιδὶ λείπει καὶ γυναῖκα καὶ βασιληίην, αὐτὸς δὲ ἐς τὴν Βαβυλωνίην χώρην ἀπίκετο καὶ πόλιν ἐπὶ τῷ Εὐφρήτῃ ἐπώνυμον ἑωυτοῦ ἐποιήσατο, ἔνθα οἱ καὶ ἡ τελευτὴ ἐγένετο. ὧδε μὲν ὁ ἰητρὸς ἔρωτα ἔγνω τε καὶ ἰήσατο.

Stratonice and Combabus

[19] Ἥδε δὴ ὦν ἡ Στρατονίκη ἔτι τῷ προτέρῳ ἀνδρὶ συνοικέουσα ὄναρ τοιόνδε ἐθεήσατο, ὥς μιν ἡ Ἥρη ἐκέλευεν ἐγεῖραί οἱ τὸν ἐν τῇ ἱρῇ πόλει νηόν, εἰ δὲ ἀπειθέοι, πολλά οἱ καὶ κακὰ ἀπείλεεν. ἡ δὲ τὰ μὲν πρῶτα οὐδεμίαν ὥρην

ἀνήρ, ἀνδρός, ὁ: a man, husband	λείπω: to leave, quit
ἀπειθέω: to be disobedient, refuse	νηός, ὁ: the dwelling of a god, a temple
ἀπειλέω: to threaten	ὄναρ, τό: a dream, vision
ἀπικνέομαι: to come to	παῖς, παιδός, ὁ: a boy, child
βασιληίη, ἡ: a kingdom, dominion	πείθω: to win over, persuade
γιγνώσκω: to know	ποιέω: to make
γυνή, γυναικὸς, ἡ: a woman, wife	πόλις, -ιος, ἡ: a city
ἐγείρω: to raise, erect	πολύς, πολλή, πολύ: many
ἔνθα: there	πρότερος, -η, -ον: first, former
ἐπώνυμος, -ον: named	πρῶτος, -η, -ον: first
Ἥρη, ἡ: Hera	συνοικέω: to dwell together
θεάομαι: to view, behold, see	τελευτή, ἡ: a finishing, end, death
ἰάομαι: to heal, cure	χώρη, ἡ: a place, space
ἰητρός, ὁ: a physician	ὧδε: so, thus
ἱρός, -ή, -όν: sacred, holy	ὥρη, ἡ: care, concern, heed
κελεύω: to urge, command, order	

τουτέοισι: dat. of means, "by these words"
ἐπώνυμον: i.e. "Seleucia on the Tigris"
ἑωυτοῦ: gen., "named *from himself*"
ἐγένετο: ao., "his death *happened*"
ἔγνω: ao. of γιγνώσκω, "he recognized"
δὴ ὦν: "this one *indeed*," as in Herodotus, identifying the main focus of the coming section.
συνοικέουσα: "while she was living with" + dat.
ἐθεήσατο: ao. of θεάομαι, "she saw"
ὥς ... ἐκέλευεν: the dream's content is set forth in ind. st., "that she ordered"
ἐγεῖραι: ao. inf. after ἐκέλευεν, "ordered *to raise*"
εἰ δὲ ἀπειθέοι: pr. opt. in past gen. protasis, "if (ever) she disobeyed"
οἱ: dat. ind. obj., "against her"
ἀπείλεεν: impf. of ἀπειλέω, the apodosis of the past gen. cond., still part of the ind. st. of the dream, "she kept threatening"
τὰ μὲν πρῶτα ... μετὰ δέ: "at first ... but later"

Lucian

ἐποιέετο· μετὰ δέ, ὥς μιν μεγάλη νοῦσος ἔλαβεν, τῷ τε ἀνδρὶ τὴν ὄψιν ἀπηγήσατο καὶ τὴν Ἥρην ἱλάσκετο καὶ στήσειν τὸν νηὸν ὑπεδέξατο. καὶ αὐτίκα ὑγιέα γενομένην ὁ ἀνὴρ ἐς τὴν ἱρὴν πόλιν ἔπεμπε, σὺν δὲ οἱ καὶ χρήματα καὶ στρατιὴν πολλήν, τοὺς μὲν οἰκοδομέειν, τοὺς δὲ καὶ τοῦ ἀσφαλέος εἵνεκα. καλέσας δέ τινα τῶν ἑωυτοῦ φίλων, νεηνίην κάρτα καλόν, τῷ οὔνομα ἦν Κομβάβος, «Ἐγώ τοι,» ἔφη, «ὦ Κομβάβε, ἐσθλὸν ἐόντα φιλέω τε μάλιστα φίλων ἐμῶν καὶ πάμπαν ἐπαινέω σοφίης τε καὶ εὐνοίης τῆς ἐς ἡμέας, ἣν δὴ

ἀνήρ, ἀνδρός, ὁ: a man, husband
ἀπηγέομαι: to relate, narrate
ἀσφαλές, -έος, τό: security, safety
αὐτίκα: straightaway, at once
εἵνεκα: on account of, for the sake of (+ gen.)
ἐπαινέω: to approve, commend
ἐσθλός, -ή, -όν: good
εὐνοίη, ἡ: good-will, kindness
Ἥρη, ἡ: Hera
ἱλάσκομαι: to appease
ἱρός, -ή, -όν: sacred, holy
ἵστημι: to set up
καλέω: to call
κάρτα: very, much
Κομβάβος, ὁ: Combabus
λαμβάνω: to take, receive

νεηνίης, -ου, ὁ: a youth
νηός, ὁ: the dwelling of a god, a temple
νοῦσος: ἡ: a sickness, illness
οἰκοδομέω: to build
οὔνομα, -ματα, τὸ: a name
ὄψις, -εως, ἡ: a vision
πάμπαν: wholly, altogether
πέμπω: to send, dispatch
ποιέω: to make, do
πόλις, -ιος, ἡ: a city
σοφίη, ἡ: wisdom
στρατιή, ἡ: an army
ὑγιής, -ές: healthy
ὑποδέκομαι: to undertake
φιλέω: to love
φίλος, ὁ: a friend
χρῆμα, -ατος, τό: money

ὥς ἔλαβεν: ao. of λαμβάνω, "because a disease *took* her"
ἀπηγήσατο: ao. of ἀπο-ηγέομαι, "she narrated"
στήσειν: fut. act. inf. of ἵστημι complementing ὑπεδέξατο, "she undertook *to* establish"
ὑπεδέξατο: ao. mid. of ὑπο-δέκομαι
ὑγιέα γενομένην: ao. part. agreeing with implied obj. of ἔπεμπε, "her *having become well*"
τοὺς μὲν ... τοὺς δὲ: the *former* to build ... the *latter* for protection"
καλέσας: ao. part., "having summoned"
τῷ: dat. of poss., "*whose* name was Combabus." The name suggests a companion of the Hittite goddess Carchemish and this story is an etiology of the eunuchs of the new temple of Hieropolis.
ἐσθλὸν ἐόντα: pr. part. causal, "since you are good"
σοφίης: gen. of cause, "because of your wisdom"
ἐς ἡμέας: "towards me"

On the Syrian Goddess

ἐπεδέξαο. νῦν δέ μοι χρειὼ μεγάλης πίστιος, τῷ σε θέλω γυναικὶ ἐμῇ ἐσπόμενον ἔργον τέ μοι ἐπιτελέσαι καὶ ἱρὰ τελέσαι καὶ στρατιῆς ἐπικρατέειν· σοὶ δὲ ἀπικομένῳ ἐξ ἡμέων τιμὴ μεγάλη ἔσσεται.»

Πρὸς τάδε ὁ Κομβάβος αὐτίκα λίσσετο πολλὰ λιπαρέων μή μιν ἐκπέμπειν μηδὲ πιστεύειν οἱ τὰ πολλὸν ἑωυτοῦ μέζονα χρήματα καὶ γυναῖκα καὶ ἔργον ἱρόν. τὰ δὲ

ἀπικνέομαι: to come to, arrive
αὐτίκα: straightway, at once
γυνή, γυναικός, ἡ: a woman, wife
ἐθέλω: to wish
ἐκπέμπω: to send out, dispatch
ἐμός, -ή, -όν: my, mine
ἐπιδείκνυμι: to show, display
ἐπικρατέω: to rule, command
ἐπιτελέω: to complete, accomplish
ἕπομαι: to follow
ἔργον, τό: a deed, work

ἱρός, -ή, -όν: sacred, holy
λιπαρέω: to persist, hold out
λίσσομαι: to beg, pray, beseech
πιστεύω: to trust, put faith in
πίστις, -ιος, ἡ: trust, faith
στρατιά, ἡ: army
τελέω: to complete, fulfill
τιμή, ἡ: honor
χρειώ: to want, need
χρῆμα, -ατος, τό: money

ἐπεδέξαο: ao. 2 s. mid. of ἐπι-δείκνυμι, "which *you have displayed*"
πίστιος: gen. after χρειώ, "I have need *of trust*"
τῷ: dat. "by that account," i.e. "therefore," an epic usage
ἐσπόμενον: ao. mid. part. of ἕπομαι agreeing with σε, the acc. subj. of
    ἐπιτελέσαι, "I wish you, *having followed* (+ dat.), to accomplish"
ἱρὰ τελέσαι: ao. inf., "and *to perform* the rites"
στρατιῆς: gen. after ἐπικρατέειν, "and to rule over *the army*"
ἀπικομένῳ: ao. part. agreeing with σοί, "for you *upon returning*"
ἔσσεται: epic fut. of εἰμί, "there will be"
λίσσετο: unaug. impf., "he begged"
μή μιν ἐκπέμπειν: pr. inf. in ind. com., "begging him *not to send*"
ἑωυτοῦ: gen. of comp. after μέζονα, "greater *than himself*," i.e. than his station

---

Third Declension -ις Nouns:

Third declension nouns ending in -ις (like πόλις) retain the -ι- making them look more analogous to other third declension nouns.

genitive singular -ιος
  γενέσιος for γενέσεως
  ὄψιος for ὄψεως
  ὕβιος for ὕβρεως
  πίστιος for πίστεως

nominative plural -ιες
  ὄφιες for ὄφεις
  πίστιες for πίστεις

accusative plural -ιας
  πανηγύριας for πανηγύρεις

Lucian

ὀρρώδεεν μή κοτέ οἱ ζηλοτυπίη χρόνῳ ὑστέρῳ ἐς τὴν Στρατονίκην γένοιτο, τὴν μοῦνος ἀπάξειν ἔμελλεν. [20] ὡς δὲ οὐδαμὰ ἐπείθετο, ὁ δὲ ἱκεσίης δευτέρης ἅπτεται δοῦναί οἱ χρόνον ἑπτὰ ἡμερέων, μετὰ δὲ ἀποστεῖλαί μιν τελέσαντά τι τῶν μάλιστα ἐδέετο. τυχὼν δὲ ῥηιδίως, ἐς τὸν ἑωυτοῦ οἶκον ἀπικνέεται καὶ πεσὼν χαμᾶζε τοιάδε ὠδύρετο: "Ὦ δείλαιος, τί μοι ταύτης τῆς πίστιος; τί δέ μοι ὁδοῦ, τῆς τέλος ἤδη δέρκομαι; νέος μὲν ἐγὼ καὶ γυναικὶ καλῇ ἕψομαι. τὸ δέ μοι

ἀπάγω: to lead away, carry off
ἀπικνέομαι: to come to, arrive
ἀποστέλλω: to send off
ἅπτω: to fasten, (mid.) to touch
γυνή, γυναικός, ἡ: a woman, wife
δείλαιος, -η, -ον: wretched, sorry
δέομαι: to ask
δέρκομαι: to see clearly
δεύτερος, -η, -ον: second
δίδωμι: to give, grant
ἕπομαι: to follow
ἑπτά: seven
ζηλοτυπίη, ἡ: jealousy, rivalry
ἡμέρη, ἡ: a day
ἱκεσίη, ἡ: the prayer of a suppliant
μέλλω: to be about to, be going to
μοῦνος, -η, -ον: alone, only

νέος, νέη, νέον: young
ὁδός, ἡ: a way, path, journey
ὀδύρομαι: to lament, bewail
οἶκος, ὁ: a house
ὀρρωδέω: to fear
οὐδαμός, -ή, -όν: no one, nothing
πείθω: to win over, persuade
πίπτω: to fall
πίστις, -ιος, ἡ: trust, faith
ῥηίδιος, -η, -ον: easy, ready
τελέω: to complete, fulfill, finish
τέλος, -εος, τό: an end
τυγχάνω: to hit upon, happen
ὕστερος, -η, -ον: latter, last
χαμᾶζε: to the ground
χρόνος, ὁ: time

ὀρρώδεεν: unaug. impf., "he was dreading"
μή ... γένοιτο: ao. opt. in cl. of fearing after ὀρρώδεεν, "lest some jealousy would arise"
τὴν ... ἔμελλεν: rel. cl., "whom he was about to" + inf.
ἀπάξειν: fut. inf. of ἀπάγω, "to lead away"
ὡς ... ἐπείθετο, ὁ δὲ: "since he (the king) was not persuaded, he (Combabus)..."
ἅπτεται: pr., "he fastens onto" + gen.
δοῦναι: ao. inf. of δίδωμι in app. to ἱκεσίης, "namely, to grant"
ἀποστεῖλαι: ao. inf. of ἀπο-στέλλω in ind. com. after ἐδέετο, "he asked him *to send him forth*"
τελέσαντα: ao. part. agreeing with μιν, "once he had accomplished"
τῶν μάλιστα: "of those things especially (important)"
τυχὼν: ao. part. of τυγχάνω, "*having gotten* this"
πεσὼν: ao. part. of πίπτω, "having fallen"
ὠδύρετο: impf. of ὀδύρομαι, "he lamented"
τῆς ... δέρκομαι: rel. cl., "the end *of which I see* clearly"
ἕψομαι: fut. of ἕπομαι, "I will accompany" + dat.

On the Syrian Goddess

μεγάλη συμφορὴ ἔσσεται, εἰ μὴ ἔγωγε πᾶσαν αἰτίην κακοῦ ἀποθήσομαι· τῷ με χρὴ μέγα ἔργον ἀποτελέσαι, τό μοι πάντα φόβον ἰήσεται.»

Τάδε εἰπὼν ἀτελέα ἑωυτὸν ἐποίεεν, καὶ ταμὼν τὰ αἰδοῖα ἐς ἀγγήιον μικρὸν κατέθετο σμύρνῃ τε ἅμα καὶ μέλιτι καὶ ἄλλοισι θυώμασι· καὶ ἔπειτα σφρηγῖδι τὴν ἐφόρεε σημηνάμενος τὸ τρῶμα ἰῆτο. μετὰ δέ, ὥς μιν ὁδοιπορέειν ἐδόκεεν, ἀπικόμενος ἐς τὸν βασιλέα πολλῶν παρεόντων διδοῖ τε ἅμα τὸ ἀγγήιον καὶ λέγει ὧδε· "Ὦ δέσποτα, τόδε μοι μέγα

ἀγγήιον, τό: a vessel
αἰδοῖα, τά: genitals
αἰτίη, ἡ: a cause
ἅμα: together with (+ dat.)
ἀπικνέομαι: to come to
ἀποτελέω: to complete, accomplish
ἀποτίθημι: to put away, remove
ἀτελής, -ές: incomplete
βασιλεύς, -έως, ὁ: a king
δεσπότης, -ου, ὁ: a master, lord
δίδωμι: to give
ἔπειτα: thereupon, then
ἔργον, τό: a deed, work
θύωμα, -ατος, τό: incense
ἰάομαι: to heal, cure

κατατίθημι: to place, put
μέλι, -ιτος, τό: honey
μικρός, -ή, -όν: small, little
ὁδοιπορέω: to travel, walk
πάρειμι: to be present
ποιέω: to make
σημαίνω: to mark with a sign, seal
σμύρνα, ἡ: myrrh
συμφορά, ἡ: an event, misfortune
σφρηγίς, -ῖδος, ἡ: a signet, ring
τάμνω: to cut
τραῦμα, -ατος, τό: a wound
φόβος, ὁ: a fear
φορέω: to carry, wear
χρή: it is necessary

τὸ δέ ... ἔσσεται: epic fut., "this will be"
εἰ μὴ ... ἀποθήσομαι: fut. mid. of ἀπο-τίθημι in protasis of fut. emotional cond., "unless I shall put away"
τῷ: dat., "by that account," i.e. "therefore," an epic usage
ἀποτελέσαι: ao. inf. after χρή, "it is necessary that I accomplish"
τό ... ἰήσεται: rel. cl., "which will heal"
εἰπών: ao. of λέγω, "having said"
ἀτελέα: pred. acc. after ἐποίεεν, "he made himself *incomplete*"
ταμών: ao. part. of τάμνω, "having cut"
κατέθετο: ao. of κατα-τίθημι, "he deposited them"
σφρηγῖδι: dat. of means, "with a seal"
τὴν ἐφόρεε: rel. cl., "which he used to carry"
σημηνάμενος: ao. part. of σημαίνω, "having sealed"
ἰῆτο: contracted impf. of ἰάομαι, "he set about healing"
πολλῶν παρεόντων: gen. abs., "many being present"

κειμήλιον ἐν τοῖσι οἰκείοισι ἀπεκέατο, τὸ ἐγὼ κάρτα ἐπόθεον· νῦν δὲ ἐπεὶ μεγάλην ὁδὸν ἔρχομαι, παρὰ σοὶ τόδε θήσομαι. σὺ δέ μοι ἀσφαλέως ἔχειν· τόδε γάρ μοι χρυσοῦ βέλτερον, τόδε μοι ψυχῆς ἐμῆς ἀντάξιον. εὖτ' ἂν δὲ ἀπίκωμαι, σόον αὖτις ἀποίσομαι." ὁ δὲ δεξάμενος ἑτέρῃ σφρηγῖδι ἐσημαίνετο καὶ τοῖσι ταμίῃσι φρουρέειν ἐνετείλατο.

[21] Κομβάβος μέν νυν τὸ ἀπὸ τοῦδε ἀσφαλέα ὁδὸν ἤνυεν· ἀπικόμενοι δὲ ἐς τὴν ἱρὴν πόλιν σπουδῇ τὸν νηὸν

ἀντάξιος, -η, -ον: worth just as much as
ἀνύω: to achieve, accomplish, complete
ἀπικνέομαι: to come to, arrive
ἀπόκειμαι: to be laid away
ἀποφέρω: to return, (mid.) to take back
ἀσφαλής, -ές: steadfast, firm, safe
αὖτις: back, again
βέλτερος, -η, -ον: better, more excellent
δέκομαι: to take, accept, receive
ἐμός, -ή, -όν: my, mine
ἐντέλλω: to enjoin, command
ἔρχομαι: to go, come
εὖτε: when, at the time when
ἱρός, -ή, -όν: sacred, holy
κάρτα: very, much
κειμήλιον, τό: a treasure, heirloom

νηός, ὁ: the dwelling of a god, a temple
ὅδε: this
ὁδός, ἡ: a way, path, journey
οἰκεῖος, -η, -ον: of the house, domestic
ποθέω: to long for, desire
πόλις, -ιος, ἡ: a city
σημαίνω: to mark with a sign, seal
σόος, -η, -ον: safe
σπουδή, ἡ: haste, speed
σφραγίς, -ῖδος, ἡ: a signet, ring
ταμίης, -ου, ὁ: a steward, treasurer
τίθημι: to set, put, place
φρουρέω: to keep watch, guard
χρυσός, ὁ: gold
ψυχή, ἡ: soul, life

ἀπεκέατο: impf., "used to lie"
θήσομαι: fut. of τίθημι, "I will place it"
ἔχειν: pr. inf. as imper., "keep it!"
χρυσοῦ: gen. of comp. after βέλτερον, "better *than gold*"
ψυχῆς: epexegetic gen. after ἀντάξιον, "equal in worth *to my life*"
εὖτ' ἂν δὲ ἀπίκωμαι: ao. subj. in gen. temp. cl., "when(ever) I return"
ἀποίσομαι: fut. of ἀπο-φέρω, "I will retrieve"
ἐνετείλατο: ao. of ἐν-τελείω, "*he enjoined* them to guard"
τὸ ἀπὸ τοῦδε: "from this point," the prepositional phrase is made adverbial by the accusative τὸ
ἤνυεν: impf., "he accomplished"
σπουδῇ: dat. of manner, "enthusiastically"
ἀπικόμενοι: ao. part., "having arrived"

On the Syrian Goddess

οἰκοδόμεον καὶ σφίσι τρία ἔτεα ἐν τῷ ἔργῳ ἐξεγένετο, ἐν τοῖσι ἀπέβαινε τάπερ ὁ Κομβάβος ὀρρώδεεν. ἡ Στρατονίκη γὰρ χρόνον ἐπὶ πολλὸν συνόντα μιν ποθέειν ἄρχετο, μετὰ δέ οἱ καὶ κάρτα ἐπεμήνατο. καὶ λέγουσιν οἱ ἐν τῇ ἱρῇ πόλει τὴν Ἥρην τουτέων αἰτίην ἐθέλουσαν γενέσθαι, Κομβάβον ἐσθλὸν μὲν ἐόντα λαθέειν μηδαμά, Στρατονίκην δὲ τίσασθαι, ὅτι οὐ ῥηιδίως τὸν νηὸν ὑπέσχετο.

αἰτίη, ἡ: a cause
ἀποβαίνω: to step off, result
ἄρχω: to begin
ἐθέλω: to will, wish
ἐκγίγνομαι: to be born, (time) to go by
ἐπιμαίνομαι: to be mad about
ἔργον, τό: a deed, work
ἐσθλός, -ή, -όν: good
ἔτος, -εος, τό: a year
Ἥρη, ἡ: the goddess Hera
ἱρός, -ή, -όν: sacred, holy
κάρτα: very, much
λανθάνω: to escape notice

μηδαμός, -ή, -όν: none
νηός, ὁ: the dwelling of a god, a temple
οἰκοδομέω: to build
ὀρρωδέω: to fear, dread
ποθέω: to long for, desire
πόλις, -ιος, ἡ: a city
πολύς, πολλή, πολύ: many
ῥηίδιος, -η, -ον: easy, ready
σύνειμι: to be together, be with
τίνω: to punish
τρία: three
ὑπισχνέομαι: to undertake
χρόνος, ὁ: time

οἰκοδόμεον: unaug. impf., "they started building"
σφίσι: dat. of reference, "for them"
ἐξεγένετο: ao., "three years *passed*"
ἐν τοῖσι: "in which (years)"
τά-περ: "just those things which"
ὀρρώδεεν: unaug. impf., "was dreading"
συνόντα: pr. part., "him *being together* (with her)"
ἐπεμήνατο: ao. of ἐπι-μαίνομαι, "later *she became madly in love*"
τὴν Ἥρην ... γενέσθαι: ao. inf. in ind. st., "*that Hera was* the cause"
ἐθέλουσαν: pr. part. agreeing with Ἥρην, "willingly"
λαθέειν: ao. inf. of λανθάνω expressing purpose, "so that Combabus not go unnoticed"
ἐσθλὸν ἐόντα: pr. part. supplementing λαθέειν, "so that Combabus *being a good man* not go unnoticed"
τίσασθαι: ao. inf. expressing purpose, "so that Stratonike be punished"
ὑπέσχετο: ao. of ὑπο-ἰσχνέομαι, "she had not undertaken"

Lucian

[22] Ἡ δὲ τὰ μὲν πρῶτα ἐσωφρόνεεν καὶ τὴν νοῦσον ἔκρυπτεν: ὡς δέ οἱ τὸ κακὸν μέζον ἡσυχίης ἐγένετο, ἐς ἐμφανὲς ἐτρύχετο κλαίεσκέν τε δι' ἡμέρης καὶ Κομβάβον ἀνεκαλέετο καί οἱ πάντα Κομβάβος ἦν. τέλος δὲ ἀμηχανέουσα

ἀμηχανάω: to be at a loss, be helpless
ἀνακαλέω: to call up, call out for
ἐμφανής, -ές: manifest, apparent
ἡμέρη, ἡ: a day
ἡσυχίη, ἡ: rest, quiet
κλαίω: to weep, lament, wail
κρύπτω: to hide, cover

νοῦσος, ἡ: a sickness
πρῶτος, -η, -ον: first
σωφρονέω: to be sound of mind, be prudent
τέλος, -εος, τό: a completion, end
τρύχω: to consume, spend (time)

ἐσωφρόνεεν: impf., "she kept controlling herself"
ἡσυχίης: gen. of comp. after μέζον, "greater *than inaction*" i.e. too great for inaction
ἐγένετο: ao., "became"
ἐτρύχετο, κλαίεσκέν, ἀνεκαλέετο: impf., "she was pining, weeping, calling upon"
πάντα: pred., "to her Combabus was *everything*"

Lack of Augment in Past Tenses

Following Herodotus and Homer, Lucian often omits augment in verbs that begin with a vowel or a diphthong:

Ionic	Attic
ἔσαν (3)	ἦσαν
ἴδον (9)	εἶδον
ὄλοντο (12)	ὤλοντο
ἄρξατο (17)	ἤρξαντο
ἀμείβετο (18)	ἠμείβετο
ἀπείλεεν (19)	ἠπείλειν
οἰκοδόμεον (21)	ᾠκόμουν
ἄρχετο (21)	ἤρχετο
ἅπτετο (22)	ἥπτετο
αἰδέετο (22)	ᾐδεῖτο
ἔλπετο (22)	ἤλπετο
αἴτεε (25)	ᾔτει
ὁμολόγεε (39)	ὡμολόγει

On the Syrian Goddess

τῇ συμφορῇ εὐπρεπέα ἱκεσίην ἐδίζητο. ἄλλῳ μὲν ὦν τὸν ἔρωτα ὁμολογέειν ἐφυλάσσετο, αὐτὴ δὲ ἐπιχειρέειν αἰδέετο. ἐπινοέει ὦν τοιάδε, οἴνῳ ἑωυτὴν μεθύσασα ἐς λόγους οἱ ἐλθεῖν. ἅμα δὲ οἴνῳ ἐσιόντι παρρησίη τε ἐσέρχεται καὶ ἡ ἀποτυχίη οὐ κάρτα αἰσχρή, ἀλλὰ τῶν πρησσομένων ἕκαστα ἐς ἀγνοίην ἀναχωρέει.

Ὡς δέ οἱ ἐδόκεε, καὶ ἐποίεε ταῦτα. καὶ ἐπεὶ ἐκ δείπνου ἐγένοντο, ἀπικομένη ἐς τὰ οἰκεῖα ἐν τοῖσι Κομβάβος αὐλίζετο, λίσσετό τε καὶ γούνων ἅπτετο καὶ τὸν ἔρωτα ὡμολόγεεν. ὁ δὲ τόν τε λόγον ἀπηνέως ἀπεδέκετο καὶ τὸ ἔργον ἀναίνετο καί οἱ

ἀγνοίη, ἡ: ignorance, oblivion
αἰδέομαι: to be ashamed to
αἰσχρός, -ή, -όν: shameful, abusive
ἀναίνομαι: to reject, spurn
ἀναχωρέω: to go back, withdraw
ἀπηνής, -ές: harsh, rough, hard
ἀπικνέομαι: to come to, arrive
ἀποδέκομαι: to accept, receive
ἀποτυχίη, ἡ: failure
ἅπτω: to fasten, touch
αὐλίζομαι: to lie (in the court-yard), live
γόνυ, γούνατος, τό: a knee
δεῖπνον, τό: dinner
δίζημαι: to seek out, look for
ἕκαστος, -η, -ον: each, every
ἐπινοέω: to think of, contrive
ἐπιχειρέω: to attempt, enact
ἔργον, τό: a deed, work

ἔρχομαι: to go, come
ἔρως, -ωτος, ὁ: love
ἐσέρχομαι: to go in, enter
εὐπρεπής, -ές: decent, suitable
ἱκέσιος, -η, -ον: suppliant
κάρτα: very, much
λίσσομαι: to beg, pray, beseech
μεθύσκω: to make drunk, intoxicate
οἰκεῖος, -η, -ον: of the house, household
οἶνος, ὁ: wine
ὁμολογέω: to agree, allow, confess
παρρησίη, ἡ: openness, frankness
ποιέω: to make, do
πρήσσω: to do
συμφορή, ἡ: a circumstance, misfortune
τοιόσδε, -ήδε, -όνδε: such
φυλάσσω: to guard, take care

τῇ συμφορῇ: dat. of ref. with ἀμηχανέουσα, "being helpless *toward the illness*"
ἄλλῳ: dat. after ὁμολογέειν, "to anyone else"
ἐπιχειρέειν: pr. inf. supplementing αἰδέετο, "she was ashamed *to enact*"
ἐπινοέει: vivid pr., "*she hits upon* the following"
μεθύσασα: ao. part. of μεθύσκω, "having made herself drunk"
ἐλθεῖν: ao. inf. of purpose, "*to come* to words," i.e. to speak to him
οἴνῳ ἐσιόντι: pr. part. dat. of ἐσ-ἔρχομαι after ἅμα, "with wine entering"
τῶν πρησσομένων: pr. part. gen., "each *of the things done*"
καὶ ἐποίεε: impf., "she also did these things"
ἐκ δείπνου: "when they were *from the table*," i.e. after dinner
λίσσετο: unaug. impf., "she began begging"
γούνων: gen. after ἅπτετο. Touching someone's knees is a gesture of supplication.

τὴν μέθην ἐπεκάλεεν. ἀπειλούσης δὲ μέγα τι κακὸν ἑωυτὴν ἐργάσασθαι, δείσας πάντα οἱ λόγον ἔφηνεν καὶ πᾶσαν τὴν ἑωυτοῦ πάθην ἀπηγήσατο καὶ τὸ ἔργον ἐς ἐμφανὲς ἤνεικεν. ἰδοῦσα δὲ ἡ Στρατονίκη τὰ οὔποτε ἔλπετο, μανίης μὲν ἐκείνης ἔσχετο, ἔρωτος δὲ οὐδαμὰ ἐλήθετο, ἀλλὰ πάντα οἱ συνεοῦσα ταύτην παραμυθίην ἐποιέετο ἔρωτος ἀπρήκτοιο. ἔστιν ὁ ἔρως οὗτος ἐν τῇ ἱρῇ πόλει καὶ ἔτι νῦν γίγνεται· γυναῖκες Γάλλων

ἀπειλέω: to threaten
ἀπηγέομαι: to relate, narrate
ἄπρηκτος, ον: unavailing, unprofitable
Γάλλος, ὁ: a priest of Cybele
γυνή, γυναικός, ἡ: a woman, wife
δείδω: to fear
ἔλπω: to make to hope
ἐμφανής, -ές: manifest, apparent
ἐπιθυμέω: to desire
ἐπικαλέω: to invoke, charge
ἐργάζομαι: to work, bring about
ἔργον, τό: a deed, work
ἔρως, -ωτος, ὁ: love

ἱρός, -ή, -όν: sacred, holy
λανθάνω: to escape notice
μανίη, ἡ: madness, frenzy
μέθη, ἡ: strong drink, drunkenness
οὐδαμός, -ή, -όν: no one, nothing
πάθη, ἡ: a misfortune
παραμυθίη, ἡ: encouragement, consolation
ποιέω: to make, do
πόλις, -ιος, ἡ: a city
σύνειμι: to be with, be together
φαίνω: to show, reveal
φέρω: to bear, carry

ἐπεκάλεεν: impf., "*he accused* her of drunkeness"
ἀπειλούσης (sc. αὐτῆς): pr. part. gen. in gen. abs., "but with her threatening to" + inf.
ἐργάσασθαι: ao. inf. mid., "to harm herself"
δείσας: ao. part. nom. s., "he fearing"
ἔφηνεν: ao. of φαίνω, "he revealed"
ἀπηγήσατο: ao. of ἀπο-ἡγέομαι, "he explained"
ἤνεικεν: ao. of φέρω, "*he brought* to light"
ἰδοῦσα: ao. part. of εἶδον, "she having seen"
τὰ οὔποτε ἔλπετο: rel. cl., "what she never hoped for"
μανίης: gen. of separation after ἔσχετο, "she checked herself *from that madness*"
ἔσχετο: ao. mid. of ἔχω
ἐλήθετο: ao. mid. of λανθάνω, "she did not forget" + gen.
συνεοῦσα: pr. part., "*being with* him"
ἀπρήκτοιο: epic gen. s. agreeing with ἔρωτος, "consolation for her *unavailing love*"

On the Syrian Goddess

ἐπιθυμέουσι καὶ γυναιξὶ Γάλλοι ἐπιμαίνονται, ζηλοτυπέει δὲ οὐδείς, ἀλλὰ σφίσι τὸ χρῆμα κάρτα ἱρὸν νομίζουσιν.

[23] Τὰ δ' ὦν ἐν τῇ ἱρῇ πόλει ἀμφὶ τὴν Στρατονίκην οὐδαμὰ τὸν βασιλέα λέληθεν, ἀλλὰ πολλοὶ ἀπικνεόμενοι κατηγόρεον καὶ τὰ γιγνόμενα ἀπηγέοντο. ἐπὶ τοῖσι περιαλγέων ἐξ ἀτελέος τοῦ ἔργου Κομβάβον μετεκάλεεν. ἄλλοι δὲ λέγουσι λόγον οὔτι ἀληθέα, τὴν Στρατονίκην, ἐπειδὴ ἀπέτυχε τῶν ἐδέετο, αὐτὴν γράψασαν ἐς τὸν ἄνδρα τοῦ Κομβάβου κατηγορέειν πείρην οἱ ἐπικαλέουσαν, καὶ τὸ Ἕλληνες Σθενεβοίης πέρι λέγουσι καὶ Φαίδρης τῆς Κνωσσίης,

ἀληθής, -ές: true
ἀνήρ, ἀνδρός, ὁ: a man, husband
ἀπηγέομαι: to relate, narrate
ἀπικνέομαι: to come to, arrive
ἀποτυγχάνω: to fail, mistake
ἀτελής, -ές: without end
βασιλεύς, -έως, ὁ: a king
γράφω: to write
δέομαι: to ask
Ἕλλην: Greek
ἐπικαλέω: to call upon, claim
ἐπιμαίνομαι: to be mad about
ἔργον, τό: a deed, work
ζηλοτυπέω: to be jealous

ἱρός, -ή, -όν: sacred, holy
κάρτα: very, much
κατηγορέω: to speak against, accuse
Κνωσσίος: Cnosian, Cretan
λανθάνω: to escape notice
μετακαλέω: to call away
νομίζω: to think, believe, practice
πειράω: to attempt, make an attempt on
περιαλγέω: to be greatly pained
πόλις, -ιος, ἡ: a city
Σθενέβοιη, ἡ: Stheneboea
Φαίδρη, ἡ: Phaedra
χρῆμα, -ατος, τό: an object, matter

ἐπιθυμέουσι: pr., "they desire" + gen.
ἐπιμαίνονται: "they are mad for" + dat.
σφίσι: dat. of reference, "sacred *for them*"
τὰ ... λέληθεεν: plupf. of λανθάνω, "the events had not escaped the notice of" + acc.
κατηγόρεον: impf. κατα-ἀγορέω, "they were accusing"
ἀπηγέοντο: impf. of ἀπο-ἡγέομαι, "they were telling"
μετεκάλεεν: impf. of μετα-καλέω, "he summoned"
ἄλλοι δὲ: "but others say," introducing an alternate version of the story
οὔτι: acc. of resp., "not at all"
τὴν Στρατονίκην ... κατηγορέειν: ind. st., "that Stratonike accused" + gen.
ἀπέτυχε: ao. of ἀπο-τυγχάνω, "after *she lost*"
τῶν ἐδέετο: both ἀπο-τυγχάνω and δέομαι take the gen., "what she *was seeking*"
γράψασαν: ao. part. agreeing with Στρατονίκην, "*having written* to her husband"
πείρην: pr. inf. of πειράω in ind. st. after ἐπικαλέουσαν, "claiming *that he had made an attempt on*" + dat.
Σθενεβοίης πέρι: "about Sthenboea," whose story is told in *Iliad* 6

Lucian

ταυτὶ καὶ Ἀσσύριοι ἐς Στρατονίκην μυθολογέουσιν. ἐγὼ μέν νυν οὐδὲ Σθενεβοίην πείθομαι οὐδὲ Φαίδρην τοιάδε ἐπιτελέσαι, εἰ τὸν Ἱππόλυτον ἀτρεκέως ἐπόθεε Φαίδρη. ἀλλὰ τὰ μὲν ἐχέτω ὅκως καὶ ἐγένετο.

[24] Ὡς δὲ ἡ ἀγγελίη ἐς τὴν ἱρὴν πόλιν ἀπίκετο ἔγνω τε ὁ Κομβάβος τὴν αἰτίην, θαρσέων τε ἦεν, ὅτι οἱ ἡ ἀπολογίη οἴκοι ἐλείπετο, καί μιν ἐλθόντα ὁ βασιλεὺς αὐτίκα μὲν ἔδησέν τε καὶ ἐν φρουρῇ εἶχεν· μετὰ δέ, παρεόντων οἱ τῶν φίλων οἳ καὶ τότε πεμπομένῳ τῷ Κομβάβῳ παρεγένοντο, παραγαγὼν

ἀγγελίη, ἡ: a message, news
αἰτίη, ἡ: a charge, accusation
ἀπικνέομαι: to come to, arrive
ἀπολογίη, ἡ: a defense
Ἀσσύριος, -η, -ον: Assyrian
ἀτρεκής, -ές: real, genuine
αὐτίκα: straightway, at once
βασιλεύς, -έως, ὁ: a king
γιγνώσκω: to know
δέω: to bind
ἐπιτελέω: to finish, accomplish
ἔρχομαι: to come, go
θαρσέω: to take courage
Ἱππόλυτος, ὁ: Hippolytus
ἱρός, -ή, -όν: sacred, holy

λείπω: to leave
μυθολογέω: to tell legends
οἴκοι: at home
παράγω: to lead by, bring beside
πάρειμι: to be present
πείθω: to win over, persuade
πέμπω: to send, dispatch
ποθέω: to long for
πόλις, -ιος, ἡ: a city
Σθενέβοιη, ἡ: Stheneboea
τοιόσδε, -ήδε, -όνδε: such
Φαίδρη, ἡ: Phaedra
φίλος, ὁ: a friend
φρουρά, ἡ: a watch, guard

Φαίδρης: Cretan Phaedra's story was told in Euripides' *Hippolytus*.
ἐπιτελέσαι: ao. inf. after **πείθομαι**, "that they did such things"
ἐχέτω: 3 s. imper., "let that be"
ἔγνω: ao. of **γιγνώσκω**, "he realized"
ἦεν: impf. of **ἔρχομαι**, "he went forth being brave"
οἴκοι: loc., "at home"
μιν ἐλθόντα: ao. part. obj. of **ἔδησεν** and **εἶχεν**, "him having come,"
παρεόντων οἱ τῶν φίλων: gen. abs., "his friends being present"
οἳ ... παρεγένοντο: ao., "who had been beside" + dat.
πεμπομένῳ: pr. part. dat. agreeing with **Κομβάβῳ**, "beside Combabus when he was being dispatched"
παραγαγών: ao. part of **παρα-άγω**, "having brought him beside"

On the Syrian Goddess

ἐς μέσον κατηγορέειν ἄρχετο καί οἱ μοιχείην τε καὶ ἀκολασίην προῦφερεν· κάρτα δὲ δεινοπαθέων πίστιν τε καὶ φιλίην ἀνεκαλέετο, λέγων τρισσὰ Κομβάβον ἀδικέειν μοιχόν τε ἐόντα καὶ ἐς πίστιν ὑβρίσαντα καὶ ἐς θεὸν ἀσεβέοντα, τῆς ἐν τῷ ἔργῳ τοιάδε ἔπρηξεν. πολλοὶ δὲ παρεστεῶτες ἤλεγχον ὅτι ἀναφανδὸν σφέας ἀλλήλοισι συνεόντας εἶδον. πᾶσιν δὲ τέλος ἐδόκεεν αὐτίκα θνήσκειν Κομβάβον θανάτου ἄξια ἐργασμένον.

ἀδικέω: to do wrong, be unjust
ἀκολασίη, ἡ: licentiousness
ἀλλήλων: one another
ἀνακαλέω: to call up
ἀναφανδόν: visibly, openly
ἄξιος, -ίη, -ον: worthy
ἄρχω: to begin
ἀσεβέω: to be impious, profane
αὐτίκα: straightway, at once
δεινοπαθέω: to complain loudly of sufferings
ἐλέγχω: to disgrace, shame
ἐργάζομαι: to work
ἔργον, τό: a deed, work
θάνατος, ὁ: death
θνήσκω: to die

κάρτα: very, much
κατηγορέω: to accuse, charge
μέσος, -η, -ον: middle, in the middle
μοιχείη, ἡ: adultery
μοιχός, ὁ: an adulterer
παρίστημι: to make to stand around
πίστις, -ιος, ἡ: trust, faith
πρήσσω: to do
προφέρω: to bring before
σύνειμι: to be with, be together
τέλος, -εος, τό: an end, completion
τοιόσδε, -ήδε, -όνδε: such
τρισσός, -ή: threefold
ὑβρίζω: to outrage, insult
φιλίη, ἡ: affection, friendship

προῦφερεν: impf., "he started reproaching Y (dat.) for X (acc.)"
ἀνεκαλέετο: impf., "he called up" + acc.
Κομβάβον ἀδικέειν: ind. st., "that Combabus was thrice unjust"
ἐόντα ... ὑβρίσαντα ... ἀσεβέοντα: causal participles, "*because he was* an adulterer... *he had wronged* ... *he was impious*"
τῆς: gen. rel. with antec. θεὸν, "the goddess in *whose* work"
ἔπρηξεν: ao. of πρήσσω, "he had done"
παρεστεῶτες: perf. part. of περι-ἵστημι, "standing around"
ὅτι ... εἶδον: ao. in ind. st. after ἤλεγχον, "charged *that they had seen*"
σφέας ... συνεόντας: pr. part. in ind. st. after εἶδον, "*them consorting*"
πᾶσιν: dat. pl. with ἐδόκεεν, "it seemed *to all*"
θανάτου: epexegetic gen. after ἄξια, "things worthy *of death*"
ἐργασμένον: perf. part. acc., "*having done things*"

[25] Ὁ δὲ τέως μὲν ἑστήκεεν λέγων οὐδέν· ἐπεὶ δὲ ἤδη ἐς τὸν φόνον ἤγετο, φθέγξατό τε καὶ τὸ κειμήλιον αἴτεε, λέγων ὡς ἀναιρέει μιν οὐχ ὕβριος οὐδὲ γάμων εἵνεκα, ἀλλὰ ἐκείνων ἐπιθυμέων τά οἱ ἀπιὼν παρεθήκατο. πρὸς τάδε ὁ βασιλεὺς καλέσας τὸν ταμίην ἐκέλευεν ἐνεῖκαι τά οἱ φρουρέειν ἔδωκεν· ὡς δὲ ἤνεικεν, λύσας τὴν σφρηγῖδα ὁ Κομβάβος τά τε ἐνεόντα ἐπέδειξεν καὶ ἑωυτὸν ὁκοῖα ἐπεπόνθεεν, ἔλεξέ τε, "Ὦ βασιλεῦ, τάδε τοι ἐγὼ ὀρρωδέων, εὖτέ με ταύτην ὁδὸν

ἄγω: to lead, bring
αἰτέω: to ask, beg
ἀναιρέω: to raise, destroy
ἀπέρχομαι: to go away, depart
βασιλεύς, -έως, ὁ: a king, chief
γάμος, ὁ: a wedding, marriage
δίδωμι: to give
εἵνεκα: on account of, for the sake of (+ gen.)
ἐπιδείκνυμι: to show, reveal
ἐπιθυμέω: to desire
εὖτε: when
ἵστημι: to make to stand
καλέω: to call
κειμήλιον, τό: a treasure, heirloom
κελεύω: to bid, command, order
λέγος, -η, -ον: lewd
λύω: to loose
ὁδός, ἡ: a way, path, journey
ὁκοῖος, -η, -ον: of what sort, what kind
ὀρρωδέω: to fear, dread
παρατίθημι: to put away, deposit
πάσχω: to suffer
σφραγίς, -ῖδος, ἡ: a seal, signet
ταμίας, -ου, ὁ: a steward, treasurer
τέως: so long, meanwhile
ὕβρις, -ιος, ἡ: wantonness, insolence
φέρω: to bear, bring
φθέγγομαι: to utter, speak up
φόνος, ὁ: murder, execution
φρουρέω: to keep watch, guard

ἑστήκεεν: plupf. of ἵστημι, "he stood"
ἤγετο: impf. pas., "he was being led"
φθέγξατο: ao., "he spoke up"
ὡς ἀναιρέει: pr., "that he (the king) is destroying him"
ἀλλὰ ἐπιθυμέων: "but because desiring" + gen.
τά οἱ ἀπιὼν παρεθήκατο: ao. of παρα-τίθημι, "which he (Combabus), departing, had deposited with him (the king)"
ἐνεῖκαι; ao. inf. of φέρω in ind. com. after ἐκέλευεν, "he ordered the steward to bring"
τά ... ἔδωκεν: ao. of δίσδωμι in rel. cl., "what he (Combabus) had given" + dat.
φρουρέειν: inf. of purp., "to guard"
τά ἐν-εόντα: n. pl., "the things inside"
ἐπέδειξεν: ao. of ἐπι-δείκνυμι, "he showed"
ὁκοῖα ἐπεπόνθεεν: plupf. of πάσχω, "himself *what he had suffered*"
ὀρρωδέων: pr. part., "because I dreaded"

ἔπεμπες, ἀέκων ᾖον· καὶ ἐπεί με ἀναγκαίη μεγάλη ἐκ σέο
κατέλαβεν, τοιάδε ἐπετέλεσα, ἐσθλὰ μὲν ἐς δεσπότεα, ἐμοὶ δὲ
οὐκ εὐτυχέα. τοιόσδε μέντοι ἐὼν ἀνδρὸς ἐπ' ἀδικίην
ἐγκαλέομαι.»

[26] Ὁ δὲ πρὸς τάδε ἀμβώσας περιέβαλέν τέ μιν καὶ
δακρύων ἅμα ἔλεγεν, "Ὦ Κομβάβε, τί μέγα κακὸν εἰργάσαο;
τί δὲ σεωυτὸν οὕτως ἀεικέλιον ἔργον μοῦνος ἀνδρῶν ἔπρηξας;
τὰ οὐ πάμπαν ἐπαινέω. ὦ σχέτλιε, ὃς τοιάδε ἔτλης, οἷα μήτε
σὲ παθέειν μήτ' ἐμὲ ἰδέσθαι ὤφελεν· οὐ γάρ μοι ταύτης

ἀδικία, ἡ: wrongdoing, injustice
ἀεικέλιος, -η, -ον: unseemly, shameful
ἀέκων, -ουσα, -ον: unwilling
ἀναβοάω: to shout aloud, cry out
ἀνάγκη, ἡ: force, necessity
ἀνήρ, ἀνδρός, ὁ: a man
δακρύω: to weep
δεσπότης, -ου, ὁ: a master, lord
ἐγκαλέω: to call in, accuse
ἐπαινέω: to approve, commend
ἐπιτελέω: to complete, accomplish
ἐργάζομαι: to work
ἔργον, τό: a deed, work
ἐσθλός, -ή, -όν: good

εὐτυχής, -ές: lucky, fortunate, prosperous
καταλαμβάνω: to seize upon, lay hold of
μήτε: and not, neither
μοῦνος, -η, -ον: alone, only
ὀφείλω: to owe, ought
πάμπαν: wholly, altogether
πάσχω: to suffer
πέμπω: to send, dispatch
περιβάλλω: to throw around, embrace
πρήσσω: to make, do
σχέτλιος, -η, -ον: unwearying, unflinching
τλάω: to bear, suffer, undergo
τοιόσδε, -ήδε, -όνδε: such

ᾖον: impf. of ἔρχομαι, "I went"
με …κατέλαβεν: ao. of κατα-λαμβάνω, "took hold of me"
ἐπετέλεσα: ao., "I did these things"
ἐσθλὰ μὲν … ἐμοὶ δὲ: note the chiasmus, "good things to my master, to me bad"
τοιόσδε … ἀνδρὸς: "being *this sort of a man*"
ἐγκαλέομαι: pr. pas., "I am accused"
ἀμβώσας: ao. of ἀνα-βοάω, "having raised a shout"
περιέβαλεν: ao. of περι-βάλλω, "he embraced"
εἰργάσαο: ao. 2 s. of ἐργάζομαι, "what did you do?"
μοῦνος ἀνδρῶν: "you *alone of men*"
ἔπρηξας: ao. 2. s. of πρήσσω, "why did you do this"
ὃς τοιάδε ἔτλης: ao. of τλάω, "you who dared"
τοιάδε … οἷα: "such things … as"
μήτε σὲ παθέειν μήτ' ἐμὲ ἰδέσθαι: ao. inf. after ὤφελεν, "neither you *to suffer* not me *to see*"

Lucian

ἀπολογίης ἔδεεν. ἀλλ' ἐπεὶ δαίμων τοιάδε ἤθελεν, πρῶτα μέν σοι τίσις ἐξ ἡμέων ἔσσεται, αὐτέων συκοφαντέων ὁ θάνατος, μετὰ δὲ μεγάλη δωρεὴ ἀπίξεται χρυσός τε πολλὸς καὶ ἄργυρος ἄπλετος καὶ ἐσθῆτες Ἀσσύριαι καὶ ἵπποι βασιλήιοι. ἀπίξεαι δὲ παρ' ἡμέας ἄνευ ἐσαγγελέος οὐδέ τις ἀπέρξει σε ἡμετέρης ὄψιος, οὐδ' ἢν γυναικὶ ἅμα εὐνάζωμαι.» τάδε εἶπέν τε ἅμα καὶ ἐποίεεν· καὶ οἱ μὲν αὐτίκα ἐς φόνον ἤγοντο, τῷ δὲ τὰ δῶρα ἐδέδοτο καὶ ἡ φιλίη μέζων ἐγεγόνεεν. ἐδόκεεν δὲ οὐδεὶς ἔτι Ἀσσυρίων Κομβάβῳ σοφίην καὶ εὐδαιμονίην εἴκελος.

ἄγω: to lead, bring
ἄνευ: without
ἀπείργω: to keep away from
ἀπικνέομαι: to come to, arrive
ἄπλετος, -ον: boundless, immense
ἀπολογίη, ἡ: a defense
ἄργυρος, ὁ: silver
Ἀσσύριος, -η, -ον: Assyrian
αὐτίκα: straightway, at once
βασιλήιος, -η, -ον: kingly, royal
γυνή, γυναικός, ἡ: a woman, wife
δαίμων, -ονος, ὁ: a spirit, fortune
δέω: to lack, need
δίδωμι: to give
δωρεή, ἡ: a gift, present
δῶρον, τό: a gift, present
ἐθέλω: to wish
εἴκελος, -η, -ον: like, equal

εἰσαγγελεύς, -έως, ὁ: one who announces
ἐσθής, -ῆτος, ἡ: dress, clothing
εὐδαιμονίη, ἡ: good fortune, happiness
εὐνάζω: to put to bed
ἡμέτερος, -η, -ον: our
θάνατος, ὁ: death
ἵππος, ὁ: a horse, mare
ὄψις, -ιος, ἡ: an appearance, sight
ποιέω: to make, do
πρῶτος, -η, -ον: first
σοφίη, ἡ: wisdom
συκοφάντης, -ου, ὁ: a false accuser, slanderer
τίσις, -ιος, ἡ: recompense, retribution
τοιόσδε, -ήδε, -όνδε: such
φιλίη, ἡ: friendship
φόνος, ὁ: murder, execution
χρυσός, ὁ: gold

ἀπολογίης: gen. after ἔδεεν, "need *of defense*"
ἔσσεται: an epic future, "there will be"
ἀπίξεται: fut. of ἀπο-ικνέομαι, "will arrive"
ἀπίξεαι: fut., "*you will arrive* among us" i.e. you will be allowed an audience
ἀπέρξει: fut. of ἀπείργω, "nor will anyone bar you"
ὄψιος: gen. of sep. after ἀπέρξει, "from our sight"
οὐδ' ἢν: "not even if"
οἱ μὲν ... τῷ δὲ: "these (the sycophants) ... but to him (Kombabus)"
ἐδέδοτο: plupf. of δίδωμι, "gifts *had been given*"
ἐγεγόνεεν: plupf. of γίγομαι, "had become"
Κομβάβῳ: dat. after εἴκελος, "equal *to Combabus*"
σοφίην καὶ εὐδαιμονίην: acc. of resp.

On the Syrian Goddess

Μετὰ δὲ αἰτησάμενος ἐκτελέσαι τὰ λείποντα τῷ νηῷ--ἀτελέα γάρ μιν ἀπολελοίπεεν--αὖτις ἐπέμπετο, καὶ τόν τε νηὸν ἐξετέλεσε καὶ τὸ λοιπὸν αὐτοῦ ἔμενεν. ἔδωκεν δέ οἱ βασιλεὺς ἀρετῆς τε καὶ εὐεργεσίης εἵνεκα ἐν τῷ ἱρῷ ἑστάναι χάλκεον· καὶ ἔτι ἐς τιμὴν ἐν τῷ ἱρῷ Κομβάβος χάλκεος, Ἑρμοκλέος τοῦ Ῥοδίου ποίημα, μορφὴν μὲν ὁκοίη γυνή, ἐσθῆτα δὲ ἀνδρηίην ἔχει.

Λέγεται δὲ τῶν φίλων τοὺς μάλιστά οἱ εὐνοέοντας ἐς παραμυθίην τοῦ πάθεος κοινωνίην ἑλέσθαι τῆς συμφορῆς:

αἱρέω: to take up, grasp
αἰτέω: to ask, beg
ἀνδρήιος, -η, -ον: of a man
ἀπολείπω: to leave behind
ἀρετή, ἡ: virtue, excellence
ἀτελής, ές: without end, unfinished
αὖτις: again, back
βασιλεύς, -έως, ὁ: a king
γυνή, γυναικός, ἡ: a woman, wife
δίδωμι: to give
εἵνεκα: on account of, for the sake of (+ gen.)
ἐκτελέω: to complete, accomplish, achieve
ἐσθής, -ῆτος, ἡ: dress, clothing
εὐεργεσίη, ἡ: good work
εὐνοέω: to be well-inclined
ἱρόν, τό: a sacred place, temple
ἵστημι: to make to stand
κοινωνίη, ἡ: communion, fellowship, share
λείπω: to leave, quit
λοιπός, -ή, -όν: remaining, the rest
μένω: to stay, remain
μορφή, ἡ: form, shape
νηός, ὁ: the dwelling of a god, a temple
ὁκοῖος, -η, -ον: of what sort, what kind
πάθος, -εος, τό: an incident, occurrence
παραμυθίη, ἡ: encouragement, consolation
πέμπω: to send, dispatch
ποίημα, -ατος, τό: something made, a work
Ῥόδιος, -η, -ον: Rhodian
συμφορά, ἡ: an event, misfortune
τιμή, ἡ: honor
φίλος, ὁ: a friend
χάλκεος, -έη, -εον: of bronze, brazen

αἰτησάμενος: ao. part., "having sought to" + inf.
τῷ νηῷ: dat. of ref., "the remaining things *of the sanctuary*"
ἀπολελοίπεεν: plupf. of ἀπο-λείπω, "for *he had left it*"
ἐπέμπετο: impf. pas., "he was sent out"
τὸ λοιπὸν: acc. of dur., "the rest (of his life)"
αὐτοῦ: "in that place"
ἔδωκεν: ao. of δίδωμι, "he granted" + inf.
ἑστάναι: perf. inf. of ἵστημι, "to set up"
ἐς τιμὴν: "for honor"
μορφὴν: acc. of resp., "in form"
τῶν φίλων: part. gen., "of his friends"
ἐς παραμυθίην: "for consolation"
ἑλέσθαι: ao. inf. mid. of αἱρέομαι after λέγεται, "that they chose"
τῆς συμφορῆς: gen. with κοινωνίην, "a share *of the disaster*"

Lucian

ἔτεμον γὰρ ἑωυτοὺς καὶ δίαιταν τὴν αὐτὴν ἐκείνῳ διαιτέοντο. ἄλλοι δὲ ἱρολογέουσιν ἐπὶ τῷ πρήγματι, λέγοντες ὡς ἡ Ἥρη φιλέουσα Κομβάβον πολλοῖσι τὴν τομὴν ἐπὶ νόον ἔβαλλεν, ὅκως μὴ μοῦνος ἐπὶ τῇ ἀνδρηίῃ λυπέοιτο. [27] τὸ δὲ ἔθος τοῦτο ἐπειδὴ ἅπαξ ἐγένετο, ἔτι νῦν μένει: καὶ πολλοὶ ἑκάστου ἔτεος ἐν τῷ ἱρῷ τάμνονται καὶ θηλύνονται, εἴτε Κομβάβον παραμυθεόμενοι εἴτε καὶ Ἥρῃ χαρίζονται: τάμνονται δ' ὦν. ἐσθῆτα δὲ οἴδε οὐκέτι ἀνδρηίην ἔχουσιν, ἀλλὰ εἵματά τε γυναικήια φορέουσιν καὶ ἔργα γυναικῶν ἐπιτελέουσιν. ὡς δὲ ἐγὼ ἤκουον, ἀνακέαται καὶ τουτέων ἐς Κομβάβον ἡ αἰτίη:

αἰτίη, ἡ: a cause
ἀκούω: to hear
ἀνάκειμαι: to be laid up, be ascribed
ἀνδρηίη, ἡ: manliness, manhood
ἀνδρήιος, -η, -ον: of a man, manly
ἅπαξ: once
βάλλω: to throw
γυναικεῖος, -η, -ον: of a woman, feminine
γυνή, γυναικός, ἡ: a woman, wife
δίαιτα, ἡ: a way of living
διαιτῶμαι: to lead a life, live
ἔθος, -εος, τό: custom, habit
εἷμα, -ατος, τό: a garment
εἴτε...εἴτε: either...or
ἕκαστος, -η, -ον: each, every
ἐπιτελέω: to complete, accomplish
ἔργον, τό: a deed, work
ἐσθής, -ῆτος, ἡ: dress, clothing

ἔτος, -εος, τό: a year
Ἥρη, ἡ: Hera
θηλύνω: to make womanish, emasculate
ἱρολογέω: to speak of sacred matters
ἱρόν, τό: a sacred place, temple
λυπέω: to pain, distress, grieve
μένω: to stay, remain
μοῦνος, -η, -ον: alone, only
νόος, ὁ: a mind
οὐκέτι: no more, no longer
παραμυθέομαι: to encourage, console
πρῆγμα, -ατος, τό: a deed, act, matter
τάμνω: to cut
τομή, ἡ: a cutting, castration
φιλέω: to love
φορέω: to bear, wear
χαρίζω: to gratify, favor

ἔτεμον: ao. of τάμνω, "they cut"
τὴν αὐτὴν: "the same to" + dat.
ὡς ... ἔβαλλεν: impf. in ind. st., "that she placed"
πολλοῖσι: dat. of ref., "into the mind *of many*"
ὅκως μὴ ... λυπέοιτο: pr. opt. in purpose clause, "lest he grieve"
ἐγένετο: ao. of γίγνομαι "it happened"
ἑκάστου ἔτεος: gen. of time within which, "each year"
εἴτε παραμυθεόμενοι εἴτε χαρίζονται: "whether consoling or whether they honor"
ἐς Κομβάβον: "for the sake of Combabus," i.e. in honor of C.

συνενείχθη γάρ οἱ καὶ τάδε. ξείνη γυνὴ ἐς πανήγυριν ἀπικομένη, ἰδοῦσα καλόν τε ἐόντα καὶ ἐσθῆτα ἔτι ἀνδρηίην ἔχοντα, ἔρωτι μεγάλῳ ἔσχετο, μετὰ δὲ μαθοῦσα ἀτελέα ἐόντα ἑωυτὴν διειργάσατο. ἐπὶ τοῖσι Κομβάβος, ἀθυμέων ὅτι οἱ ἀτυχέως τὰ ἐς Ἀφροδίτην ἔχει, ἐσθῆτα γυναικηίην ἐνεδύσατο, ὅκως μηκέτι ἑτέρη γυνὴ ἶσα ἐξαπατέοιτο. ἥδε αἰτίη Γάλλοισι στολῆς θηλέης.

Κομβάβου μέν μοι τοσάδε εἰρήσθω, Γάλλων δὲ αὖτις ἐγὼ λόγῳ ὑστέρῳ μεμνήσομαι, τομῆς τε αὐτέων, ὅκως

ἀθυμέω: to be disheartened
αἰτίη, ἡ: a cause
ἀνδρήιος, -η, -ον: of a man, manly
ἀπικνέομαι: to come to
ἀτελής, -ές: incomplete
ἀτυχής, -ές: luckless, unfortunate
αὖτις: back, again
Ἀφροδίτη, ἡ: Aphrodite
Γάλλος, ὁ: a priest of Cybele
γυναικεῖος, -η, -ον: of a woman, feminine
γυνή, γυναικός, ἡ: a woman, wife
διεργάζομαι: to make an end of, kill
ἐνδύω: to go into
ἐξαπατάω: to deceive

ἔρως, -ωτος, ὁ: love
ἐσθής, -ῆτος, ἡ: dress, clothing
θῆλυς, θήλεα, θῆλυ: female
ἴσος, -η, -ον: equal to, the same as
μανθάνω: to learn
μηκέτι: no more, no longer, no further
μιμνήσκω: to remind, put
ξεῖνος, -η, -ον: foreign
πανήγυρις, -εως, ἡ: a general assembly
στολή, ἡ: a equipment, dress
συμφέρω: to bring together, gather
τομή, ἡ: a cutting, castration
τοσόσδε, -ήδε, -όνδε: so much
ὕστερος, α, ον: later, last

συνενείχθη: ao. pas. of συν-φέρω, "the following things *happened* to him"
ἀπικομένη: ao. part., "having arrived'
ἰδοῦσα: ao. part., "having seen"
ἐόντα, ἔχοντα: pr. part. in ind.st. after ἰδοῦσα, "that he was, that he wears"
ἔρωτι: dat. of means, "by a great passion"
ἔσχετο: ao. mid. of ἔχω, "she was held"
ἀτελέα ἐόντα: pr. part. in ind. st., "having learned *that he was incomplete*"
διειργάσατο: ao. of δια-εργάζομαι, "she destroyed"
ἐπὶ τοῖσι: "after these things"
οἱ: dat. of ref., "for him"
ἀτυχέως ... ἔχει: "the things of Aphrodite *are unlucky*"
ὅκως μηκέτι ...ἐξαπατέοιτο: pr. opt. pas. in purpose cl., "lest another be deceived"
εἰρήσθω: 3 s. pr. imper., "let such things be said" i.e. and no more
μεμνήσομαι: fut. of μιμνήσκω, "I will make mention of" + gen.
ὅκως τάμνονται: ind. quest., "how they cut themselves"

Lucian

τάμνονται, καὶ ταφῆς ὁκοίην θάπτονται, καὶ ὅτευ εἵνεκα ἐς τὸ ἱρὸν οὐκ ἐσέρχονται· πρότερον δέ μοι θυμὸς εἰπεῖν θέσιός τε πέρι τοῦ νηοῦ καὶ μεγάθεος, καὶ δῆτα ἐρέω.

The Phallobatoi

[28] Ὁ μὲν χῶρος αὐτός, ἐν τῷ τὸ ἱρὸν ἵδρυται, λόφος ἐστίν, κέαται δὲ κατὰ μέσον μάλιστα τῆς πόλιος, καί οἱ τείχεα δοιὰ περικέαται. τῶν δὲ τειχέων τὸ μὲν ἀρχαῖον, τὸ δὲ οὐ πολλὸν ἡμέων πρεσβύτερον. τὰ δὲ προπύλαια τοῦ ἱροῦ ἐς ἄνεμον βορέην ἀποκέκρινται, μέγαθος ὅσον τε ἑκατὸν ὀργυιέων. ἐν τούτοισι τοῖσι προπυλαίοισι καὶ οἱ φαλλοὶ ἑστᾶσι

ἄνεμος, ὁ: wind
ἀποκρίνω: to separate, set apart
ἀρχαῖος, -η, -ον: ancient
βορέης: north
δοιοί, -αί, -ά: two, double
εἵνεκα: on account of, for the sake of (+ gen.)
ἑκατόν: a hundred
ἐσέρχομαι: to go in, enter
θάπτω: to bury, honor with funeral rites
θέσις, -ιος, ἡ: a setting, placement
θυμός, ὁ: the soul
ἱδρύω: to seat, situate
ἱρόν, τό: a sacred place, temple
ἱρός, -ή, -όν: sacred, holy
ἵστημι: to make to stand
κεῖμαι: to be laid

λόφος, ὁ: a hill
μέγαθος, -εος, τό: greatness, magnitude, size
μέσος, -η, -ον: middle
νηός, ὁ: the dwelling of a god, a temple
ὁκοῖος, -η, -ον: of what sort, what kind
ὄργυια, -ῆς, ἡ: a fathom
περίκειμαι: to lie around
πόλις, -ιος, ἡ: a city
πρέσβυς: old
προπύλαια, τά: an entrance, gateway
πρότερος, -η, -ον: before, earlier
τάμνω: to cut
ταφή, ἡ: burial
τεῖχος, -εος, τό: a wall
φαλλός, ὁ: a phallus
χῶρος, ὁ: a ground, place

ταφῆς ὁκοίην θάπτονται: "and of their burial, how they are buried"
ὅτευ εἵνεκα: "on account of what" i.e. "why"
εἰπεῖν: ao. inf. after θυμὸς, "it is my desire *to speak*"
θέσιός τε πέρι: "both about the layout"
δῆτα ἐρέω: "and so I will speak"
κατὰ μέσον μάλιστα: "in the very center"
οὐ πολλὸν: acc. of degree of difference, "not by much"
ἡμέων: gen. of comp. after πρεσβύτερον, "older *than us*"
ἀποκέκρινται: perf. of ἀπο-κρίνω, "is oriented"
μέγαθος: acc. of resp., "in size"
ὅσον τε: "approximately," an epic and Herodotean usage
ἑστᾶσι: perf. of ἵστημι, "they stand"

On the Syrian Goddess

τοὺς Διόνυσος ἐστήσατο, ἡλικίην καὶ οἶδε τριηκοσίων
ὀργυιέων. ἐς τουτέων τὸν ἕνα φαλλὸν ἀνὴρ ἑκάστου ἔτεος δὶς
ἀνέρχεται οἰκέει τε ἐν ἄκρῳ τῷ φαλλῷ χρόνον ἑπτὰ ἡμερέων.
αἰτίη δέ οἱ τῆς ἀνόδου ἥδε λέγεται. οἱ μὲν πολλοὶ νομίζουσιν
ὅτι ὑψοῦ τοῖσι θεοῖσιν ὁμιλέει καὶ ἀγαθὰ ξυναπάσῃ Συρίῃ
αἰτέει, οἱ δὲ τῶν εὐχωλέων ἀγχόθεν ἐπαΐουσιν. ἄλλοισιν δὲ
δοκέει καὶ τάδε Δευκαλίωνος εἵνεκα ποιέεσθαι, ἐκείνης
ξυμφορῆς μνήματα, ὁκότε οἱ ἄνθρωποι ἐς τὰ οὔρεα καὶ ἐς τὰ

ἀγαθός, -ή, -όν: good
ἀγχόθεν: from nearby
αἰτέω: to ask, beg
αἰτίη, ἡ: a cause, reason
ἄκρος, -η, -ον: at the highest point
ἀνέρχομαι: to go up, ascend
ἄνθρωπος, ὁ: a man
ἄνοδος, ἡ: a way up, ascent
Διόνυσος, ὁ: Dionysus
δίς: twice
εἵνεκα: on account of, for the sake of (+ gen.)
εἷς, μία, ἕν: one
ἕκαστος, -η, -ον: each, every
ἐπαίω: to listen, attend
ἑπτά: seven
ἔτος, -εος, τό: a year
εὐχωλή, ἡ: a prayer, vow
ἡλικίη, ἡ: stature

ἡμέρη, ἡ: a day
θεός, ὁ: a god
μνῆμα, -ατος, τό: a remembrance
νομίζω: to think, believe
ξυνάπας, -ασα, -αν: all together
οἰκέω: to inhabit, occupy
ὁκότε: when
ὁμιλέω: to be in company, consort with
ὄργυια, -ῆς, ἡ: a fathom
οὖρος, -εος, τό: a mountain, hill
ποιέω: to make, do
συμφορή, ἡ: an event, circumstance, misfortune
Συρίη, ἡ: Syria
τριακόσιοι, -αι, -α: three hundred
ὑψοῦ: aloft
φαλλός, ὁ: a phallus
χρόνος, ὁ: time

τοὺς Διόνυσος ἐστήσατο: ao. mid. of ἵστημι, "which D. set up for himself"
ἡλικίην: acc. of resp., "in stature" i.e. height
τριηκοσίων ὀργυιέων: 300 fathoms, an impossible number
ἐς τὸν ἕνα: "*up to one* of these"
χρόνον: acc. of resp., "for a period of time"
τῆς ἀνόδου: gen. after αἰτίη, "cause *of this ascent*"
ὑψοῦ: "up high"
τοῖσι θεοῖσιν: dat. ind. obj. with ὁμιλέει, "he consorts *with the gods*"
ξυναπάσῃ Συρίῃ: dat. of ref., "for all Syria"
οἱ δὲ: "and they," i.e. the gods
ἀγχόθεν: "from nearby"
καὶ τάδε: "*these things too* seem" + inf.
ὁκότε ... ἦσαν: impf. of ἔρχομαι, "when men went"
ἐς τὰ περιμήκεα: "to the very largest" + gen.

περιμήκεα τῶν δενδρέων ἦσαν τὸ πολλὸν ὕδωρ ὀρρωδέοντες. ἐμοὶ μέν νυν καὶ τάδε ἀπίθανα. δοκέω γε μὲν Διονύσῳ σφέας καὶ τάδε ποιέειν, συμβάλλομαι δὲ τουτέοισι. φαλλοὺς ὅσοι Διονύσῳ ἐγείρουσι, ἐν τοῖσι φαλλοῖσι καὶ ἄνδρας ξυλίνους κατίζουσιν, ὅτευ μὲν εἵνεκα ἐγὼ οὐκ ἐρέω. δοκέει δ' ὦν μοι, καὶ ὅδε ἐς ἐκείνου μίμησιν τοῦ ξυλίνου ἀνδρὸς ἀνέρχεται.

[29] Ἡ δέ οἱ ἄνοδος τοιήδε· σειρῇ μικρῇ ἑωυτόν τε ἅμα καὶ τὸν φαλλὸν περιβάλλει, μετὰ δὲ ἐπιβαίνει ξύλων προσφυῶν τῷ φαλλῷ ὁκόσον ἐς χώρην ἄκρου ποδός· ἀνιὼν δὲ

ἄκρος, -η, -ον: at the furthest point, the tip
ἀνέρχομαι: to go up, ascend
ἀνήρ, ἀνδρός, ὁ: a man
ἄνοδος, ἡ: a way up, ascent
ἀπίθανος, -ον: incredible, unlikely, improbable
δένδρεον, τό: a tree
Διόνυσος, ὁ: Dionysus
ἐγείρω: to raise, erect
εἵνεκα: on account of, for the sake of (+ gen.)
ἐπιβαίνω: to go upon
καθίζω: to make to sit, seat
μικρός, -ή, -όν: small, little
μίμησις, -εως, ἡ: an imitation

ξύλινος, -η, -ον: of wood, wooden
ξύλον, τό: a piece of wood
ὁκόσος, -η, -ον: as many as
ὀρρωδέω: to fear, dread
περιβάλλω: to throw round
περιμήκης: very large, huge
ποιέω: to make, do
πούς, ποδός, ὁ: a foot
προσφυής, -ές: attached to (+ dat.)
σειρή, ἡ: a cord, rope
συμβάλλω: to throw together, conjecture
τοιόσδε, -ήδε, -όνδε: such
ὕδωρ, ὕδατος, τό: water
φαλλός, ὁ: a phallus
χώρη, ἡ: a place, space

τὸ πολλὸν ὕδωρ: "the flood," see section 12 above
Διονύσῳ: dat. of ref., "for Dionysus"
τουτέοισι: dat. of means, "from the following"
ὅσοι Διονύσῳ ἐγείρουσι: "whoever raises phalluses for Dionysus"
κατίζουσιν: pr., "they set X (acc.) down"
ὅτευ: gen. rel. pron. with εἵνεκα, "on account of what"
ἐς μίμησιν: "for the imitation of" + gen.
Ἡ δέ οἱ ἄνοδος: "his ascent up it," i.e. up the phallus
περιβάλλει: "he puts X (acc.) around Y (dat.)"
ὁκόσον: acc. of resp., "in extent"
ἐς χώρην: "to the space"

On the Syrian Goddess

ἅμα ἀναβάλλει τὴν σειρὴν ἀμφοτέρωθεν ὅκωσπερ ἡνιοχέων. εἰ δέ τις τόδε μὲν οὐκ ὄπωπεν, ὄπωπεν δὲ φοινικοβατέοντας ἢ ἐν Ἀραβίῃ ἢ ἐν Αἰγύπτῳ ἢ ἄλλοθί κου, οἶδε τὸ λέγω.

Ἐπεὰν δὲ ἐς τέλος ἵκηται τῆς ὁδοῦ, σειρὴν ἑτέρην ἀφεὶς τὴν αὐτὸς ἔχει, μακρὴν ταύτην, ἀνέλκει τῶν οἱ θυμός, ξύλα καὶ εἵματα καὶ σκεύεα, ἀπὸ τῶν ἕδρην συνδέων ὁκοίην καλιὴν ἱζάνει, μίμνει τε χρόνον τῶν εἶπον ἡμερέων. πολλοὶ δὲ ἀπικνεόμενοι χρυσόν τε καὶ ἄργυρον, οἱ δὲ χαλκόν, τὰ

Αἴγυπτος, ὁ: Egypt
ἄλλοθι: elsewhere, in another place
ἀμφοτέρωθεν: from both sides
ἀναβάλλω: to throw up
ἀνέλκω: to draw up, pull up
ἀπικνέομαι: to come to, arrive
Ἀραβία, ἡ: Arabia
ἄργυρος, ὁ: silver
ἀφίημι: to send forth, let go
ἕδρη, ἡ: a seat
εἷμα, -ατος, τό: a garment
ἐπεάν: whenever
ἡμέρη, ἡ: a day
ἡνιοχέω: to drive a chariot, hold reins
θυμός, ὁ: a spirit, desire
ἱζάνω: to make to sit
ἱκνέομαι: to come

καλιή, ἡ: a nest
μακρός, -ή, -όν: long
μίμνω: to stay
ξύλον, τό: wood
ὁδός, ἡ: a way, journey
ὁκοῖος, -η, -ον: of what sort, what kind
ὅκωσπερ: just as
ὁράω: to see
σειρά, ἡ: a cord, rope
σκεῦος, -εος, τό: a vessel, vase
συνδέω: to bind together
τέλος, -εος, τό: an end
φοινικοβατέω: to climb palms
χαλκός, ὁ: bronze
χρόνος, ὁ: time
χρυσός, ὁ: gold

ὅκωσπερ ἡνιοχέων: pr. part., "as though being a charioteer"
ὄπωπεν: perf. in simple cond., "if one has not seen"
φοινικοβατέοντας: part. acc. pl., "those climbing palm trees"
ἄλλοθί κου: "or anywhere else"
τὸ λέγω: rel. cl., "what I mean"
Ἐπεὰν ... ἵκηται: ao. subj. of ἱκνέομαι in gen. temp. cl., "whenever he comes"
ἀφείς: ao. part. of ἀπο-ἵημι, "having released"
ἀνέλκει: "he hauls up"
τῶν οἱ θυμός: "(the things) for which there is desire to him"
ἀπὸ τῶν: "from which"
ὁκοίην καλιὴν: "like a hut"
χρόνον: acc. of duration, "for the length of time of" + gen.
τῶν εἶπον: "days which I said"
πολλοὶ ... κατιᾶσιν: pr. of κατα-ἵημι, "many put into"
τὰ νομίζουσιν: "which they use as money," cf. νόμισμα, "coin"

Lucian

νομίζουσιν, ἐς ἐχῖνον πρόσθε κείμενον κατιᾶσιν, λέγοντες τὰ οὐνόματα ἕκαστος. παρεστεὼς δὲ ἄλλος ἄνω ἀγγέλλει· ὁ δὲ δεξάμενος τοὔνομα εὐχωλὴν ἐς ἕκαστον ποιέεται, ἅμα δὲ εὐχόμενος κροτέει ποίημα χάλκεον, τὸ ἀείδει μέγα καὶ τρηχὺ κινεόμενον. εὕδει δὲ οὐδαμά· ἢν γάρ μιν ὕπνος ἕλῃ ποτέ, σκορπίος ἀνιὼν ἀνεγείρει τε καὶ ἀεικέα ἐργάζεται, καί οἱ ἤδε ἡ ζημίη τοῦ ὕπνου ἐπικέαται. τὰ μὲν ὦν ἐς τὸν σκορπίον μυθέονται ἱρά τε καὶ θεοπρεπέα· εἰ δὲ ἀτρεκέα ἐστίν, οὐκ ἔχω

ἀγγέλλω: to report
ἀείδω: to sing
ἀεικής, -ές: unseemly, shameful
αἱρέω: to take hold of, grasp
ἀνεγείρω: to wake up, rouse
ἀνέρχομαι: to go up
ἄνω: upwards
ἀτρεκής, -ές: real, genuine
δέκομαι: to take, accept, receive
ἕκαστος, -η, -ον: each, every
ἐπίκειμαι: to be laid upon
ἐργάζομαι: to work
εὕδω: to sleep
εὔχομαι: to pray
εὐχωλή, ἡ: a prayer, vow
ἐχῖνος, ὁ: a pot
ζημίη, ἡ: a damage, penalty

θεοπρεπής, -ές: meet for a god, marvelous
ἱρός, -ή, -όν: sacred, holy
κατίημι: to place down
κεῖμαι: to be laid
κινέω: to move
κροτέω: to make to rattle
μυθέομαι: to say, speak
νομίζω: to think, believe
οὔνομα, -ματα, τό: a name
παρίστημι: to make to stand near
ποιέω: to make, do
ποίημα, -ατος, τό: something made
πρόσθε: before
σκορπίος, ὁ: a scorpion
τρηχύς, -εῖα, -ύ: rugged, rough
ὕπνος, ὁ: sleep, slumber
χάλκεος, -έη, -εον: of bronze

παρεστεώς: perf. part. of παρα-ίστημι, "standing by"
ἄνω: adv., "communicates (the names) *up*"
δεξάμενος: ao. part., "having received"
ἐς ἕκαστον: "for each one"
ποίημα χάλκεον: "a bronze implement"
κινεόμενον: pr. part. pas., "being moved"
ἢν ... ἕλῃ: ao. subj. in pr. gen. cond., "if ever sleep *takes* him, a scorpion wakes"
τὰ ... μυθέονται: "what they say is sacred"

On the Syrian Goddess

ἐρέειν. δοκέει δέ μοι, μέγα ἐς ἀγρυπνίην συμβάλλεται καὶ τῆς πτώσιος ἡ ὀρρωδίη. φαλλοβατέων μὲν δὴ πέρι τοσάδε ἀρκέει.

Layout of the temple

[30] ὁ δὲ νηὸς ὁρέει μὲν ἐς ἥλιον ἀνιόντα, εἶδος δὲ καὶ ἐργασίην ἐστὶν ὁκοίους νηοὺς ἐν Ἰωνίῃ ποιέουσιν. ἕδρη μεγάλη ἀνέχει ἐκ γῆς μέγαθος ὀργυιέων δυοῖν, ἐπὶ τῆς ὁ νηὸς ἐπικέαται. ἄνοδος ἐς αὐτὸν λίθου πεποίηται, οὐ κάρτα μακρή. ἀνελθόντι δὲ θωῦμα μὲν καὶ ὁ πρόνηος μέγα παρέχεται θύρῃσί

ἀγρυπνίη, ἡ: sleeplessness, waking
ἀνέρχομαι: to go up, rise
ἀνέχω: to hold up
ἄνοδος, ἡ: a way up, ascent
ἀρκέω: to be enough, suffice
γῆ, ἡ: earth, ground
δύο: two
ἕδρη, ἡ: a sitting place, foundation
εἶδος, -εος, τό: form, shape, appearance
ἐπίκειμαι: to be laid upon
ἐργασίη, ἡ: work, workmanship
ἥλιος, ὁ: the sun
θύρη, ἡ: a door
θωῦμα, -ατος, τό: a wonder, marvel
Ἰωνίη, ἡ: Ionia
κάρτα: very, much

λίθος, ὁ: a stone
μακρός, -ή, -όν: long
μέγαθος, -εος, τό: greatness, magnitude, size
νηός, ὁ: the dwelling of a god, a temple
ὄργυια, -ῆς, ἡ: a fathom
ὁρέω: to see
ὀρρωδίη, ἡ: terror, fear
παρέχω: to furnish, provide, supply
ποιέω: to make, do
πρόνηος, ὁ: a front hall
πτῶσις, -ιος, ἡ: a fall, falling
συμβάλλω: to throw together, conjecture
τοσόσδε, -ήδε, -όνδε: so much
φαλλοβάτης, -ου, ὁ: one who mounts on a phallus, phallic priest

---

ἔχω ἐρέειν: "I am not *able to say*"
μέγα: acc. adverbial, "greatly"
φαλλοβατέων πέρι: "about the phallus-walkers"
ὁρέει: pr. of ὁρέω (= ὁράω), "looks toward," i.e. faces
ἀνιόντα: pr. part. of ἀνα-ἔρχομαι, "rising"
εἶδος καὶ ἐργασίην: acc. resp., "in appearance and workmanship"
ὁκοίους ... ποιέουσιν: "such as they make"
μέγαθος: "in height'
ἐπὶ τῆς: "upon which"
πεποίηται: perf., "is made of" + gen.
ἀνελθόντι: ao. part. dat. of ref., "a wonder *to the one who has approached*"
παρέχεται: "*furnishes* a great wonder"

Lucian

τε ἤσκηται χρυσέῃσιν· ἔνδοθεν δὲ ὁ νηὸς χρυσοῦ τε πολλοῦ ἀπολάμπεται καὶ ἡ ὀροφὴ πᾶσα χρυσέη. ἀπόζει δὲ αὐτοῦ ὀδμὴ ἀμβροσίη ὀκοίη λέγεται τῆς χώρης τῆς Ἀραβίης, καί σοι τηλόθεν ἀνιόντι προσβάλλει πνοιὴν κάρτα ἀγαθήν· καὶ ἢν αὖτις ἀπίῃς, οὐδαμὰ λείπεται, ἀλλά σευ τά τε εἵματα ἐς πολλὸν ἔχει τὴν πνοιὴν καὶ σὺ ἐς πάμπαν αὐτῆς μνήσεαι.

[31] Ἔνδοθεν δὲ ὁ νηὸς οὐκ ἁπλόος ἐστίν, ἀλλὰ ἐν αὐτῷ θάλαμος ἄλλος πεποίηται. ἄνοδος καὶ ἐς τοῦτον ὀλίγη· θύρῃσι δὲ οὐκ ἤσκηται, ἀλλὰ ἐς ἀντίον ἅπας ἀναπέπταται. ἐς

ἀγαθός, -ή, -όν: good
ἀμβρόσιος, -η, -ον: immortal, divine
ἀναπετάννυμι: to spread out
ἀνέρχομαι: to go up
ἄνοδος, ἡ: a way up, ascent
ἀντίος, -ία, -ίον: set against
ἀπέρχομαι: to go away, depart
ἁπλόος, -η, -ον: simple
ἀπόζω: to smell of
ἀπολάμπω: to shine, glitter
Ἀραβία, ἡ: Arabia
ἀσκέω: to form by art, fashion
αὖτις: back, again
εἷμα, -ατος, τό: a garment
ἔνδοθεν: from within
θάλαμος, ὁ: an inner room
θύρη, ἡ: a door

κάρτα: very, much
λείπω: to leave
μιμνήσκω: to remind
νηός, ὁ: the dwelling of a god, a temple
ὀδμή, ἡ: a smell, scent, odor
ὁκοῖος, -η, -ον: of what sort, what kind
ὀλίγος, -η, -ον: few, little, small
ὀροφή, ἡ: a roof, ceiling
πάμπαν: wholly, altogether
πνοή, -ῆς, ἡ: a breeze, vapor
ποιέω: to make
προσβάλλω: to throw forth, cast
τηλόθεν: from afar
χρύσεος, -η, -ον: golden, of gold
χρυσός, ὁ: gold
χώρη, ἡ: a place, space

ἤσκηται: perf. of ἀσκέω, "is equipped with" + dat.
χρυσοῦ: gen. of source, "gleams *from much gold*"
τῆς χώρης: gen. of source, "from Arabia"
προσβάλλει: pr., "it casts X (acc.) upon Y (dat.)"
ἢν ἀπίῃς: pr. subj of ἀπο-ἔρχομαι in pr. gen. cond., "*if one departs*, it is not left behind"
ἐς πολλὸν (sc. χρόνον): "for a long time"
μνήσεαι: 2. s. fut. of μιμνήσκω, "you will remember" + gen.
πεποίηται: perf., "is made"
ἤσκηται: perf. of ἀσκέω, "is equipped" + dat.
ἐς ἀντίον: "towards the approach"
ἀναπέπταται: perf. of ἀνα-πετάννυμι, "is spread out"

μὲν ὦν τὸν μέγαν νηὸν πάντες ἐσέρχονται, ἐς δὲ τὸν θάλαμον οἱ ἰρέες μοῦνον, οὐ μέντοι πάντες οἱ ἰρέες, ἀλλὰ οἳ μάλιστα ἀγχίθεοί τέ εἰσιν καὶ οἷσι πᾶσα ἐς τὸ ἱρὸν μέλεται θεραπηίη. ἐν δὲ τῷδε εἴαται τὰ ἕδεα, ἥ τε Ἥρη καὶ τὸν αὐτοὶ Δία ἐόντα ἑτέρῳ οὐνόματι κληίζουσιν. ἄμφω δὲ χρύσεοί τέ εἰσιν καὶ ἄμφω ἕζονται· ἀλλὰ τὴν μὲν Ἥρην λέοντες φέρουσιν, ὁ δὲ ταύροισιν ἐφέζεται.

Atargatis, enthroned between two lions and holding a spindle, together with her consort Hadad, enthroned with bulls. Roman. Drawing © S. Beaulieu

---

ἀγχίθεος, -ον: near the gods
ἄμφω: both
ἕζομαι: to sit
ἐσέρχομαι: to go in, enter
ἐφέζομαι: to sit upon
Ζεύς, Διός, ὁ: Zeus
Ἥρη, ἡ: Hera
θάλαμος, ὁ: an inner room
θεραπείη, ἡ: a waiting on, service
ἱερεύς, ὁ: a priest

ἱρόν, τό: a sacred place, temple
κλήζω: to name, call
λέων, -οντος, ὁ: a lion
μέλω: to be a care
μοῦνος, -η, -ον: alone, only
νηός, ὁ: the dwelling of a god, a temple
οὔνομα, -ματα, τό: a name
ταῦρος, ὁ: a bull
φέρω: to bear
χρύσεος, -η, -ον: golden, of gold

ἀλλὰ οἳ εἰσιν: "but (those) who are"
καὶ οἷσι: dat. pl. after μέλεται, "*and to whom* is a care"
ἐν δὲ τῷδε: "and in this," i.e. the inner chamber
εἴαται: perf. of ἕζομαι, "are placed"
καὶ τὸν: "and (he) whom"
Δία ἐόντα: "although being Zeus"
ἑτέρῳ οὐνόματι: namely, Hadad, the consort of Atargatis

Lucian

The iconography

The Phrygian goddess Kybele (from a Roman lamp)

[32] Καὶ δῆτα τὸ μὲν τοῦ Διὸς ἄγαλμα ἐς Δία πάντα ὁρῇ καὶ κεφαλὴν καὶ εἵματα καὶ ἕδρην, καί μιν οὐδὲ ἐθέλων ἄλλως εἰκάσεις. ἡ δὲ Ἥρη σκοπέοντί τοι πολυειδέα μορφὴν ἐκφανέει· καὶ τὰ μὲν ξύμπαντα ἀτρεκέϊ λόγῳ Ἥρη ἐστίν, ἔχει δέ τι καὶ Ἀθηναίης καὶ Ἀφροδίτης καὶ Σεληναίης καὶ Ῥέης καὶ Ἀρτέμιδος καὶ Νεμέσιος καὶ Μοιρέων. χειρὶ

ἄγαλμα, -ατος, τό: a glory, delight, honor
ἄλλως: in another way, otherwise
ἀτρεκής, -ές: real, genuine
ἕδρη, ἡ: a seat
ἐθέλω: to wish
εἰκάζω: to make like, portray
εἷμα, -ατος, τό: a garment
ἐκφαίνω: to show, reveal
Ζεύς, Διός, ὁ: Zeus

Ἥρη, ἡ: the goddess Hera
κεφαλή, ἡ: a head
μορφή, ἡ: form, shape
ξύμπας, -πασα, -παν: all together, all at once
ὁρέω: to see
πολυειδής, -ές: of many kinds
σκοπέω: to look at
χείρ, χειρός, ἡ: a hand

πάντα καὶ κεφαλὴν etc.: acc. of resp., "in every way, in head, clothes, etc."
ἐς ... ὁρῇ (= ὁρᾷ): "looks to" + acc., i.e. "resembles"
ἐθέλων: pr. part. conc., "although wishing"
ἄλλως εἰκάσεις: fut. of εἰκάζω, "you will not identify it otherwise"
σκοπέοντί τοι: dat. ind. obj. of ἐκφανέει, "to you examining"
ἐκφανέει: fut. of ἐκφαίνω, "Hera will show"
μορφὴν: acc. of resp., "in manifold *form*"
τὰ μὲν ξύμπαντα: "while overall"
ἔχει δέ τι: "yet she has something of" + gen.
Ἀθηναίης: Athena is sometimes linked with Allat, the Arabian equivalent of Atargatis.
Ἀφροδίτης: Atargatis is sometimes linked with Aphrodite by Greek authors.
Σεληναίης: Selene, a moon goddess, may be mentioned because of the crescent in her iconography.
Ῥέης: Rhea is perhaps mentioned because of her lions and mural crown.
Ἀρτέμιδος: Artemis is linked by the Greeks to several eastern goddesses.
Νεμέσιος: Nemesis may be mentioned to suggest that Atargatis is a cosmic goddess.
Μοιρέων: The Fates, like Atargatis, sometimes hold a spindle.

On the Syrian Goddess

δὲ τῇ μὲν ἑτέρῃ σκῆπτρον ἔχει, τῇ ἑτέρῃ δὲ ἄτρακτον, καὶ ἐπὶ τῇ κεφαλῇ ἀκτῖνάς τε φορέει καὶ πύργον καὶ κεστὸν τῷ μούνην τὴν Οὐρανίην κοσμέουσιν. ἔκτοσθεν δέ οἱ χρυσός τε ἄλλος περικέαται καὶ λίθοι κάρτα πολυτελέες, τῶν οἱ μὲν λευκοί, οἱ δὲ ὑδατώδεες, πολλοὶ δὲ οἰνώδεες, πολλοὶ δὲ πυρώδεες, ἔτι δὲ ὄνυχες οἱ Σαρδῷοι πολλοὶ καὶ ὑάκινθοι καὶ σμάραγδοι, τὰ φέρουσιν Αἰγύπτιοι καὶ

Votive stele of Atargatis as "Dea Syria," enthroned with two lions and holding a spindle and mirror, the former associated with Athena or the Fates, the latter with Aphrodite (Urania). The crescent moon on her head associates her with Artemis. Roman.
Drawing © S. Beaulieu

Αἰγύπτιος, -η, -ον: Egyptian
ἀκτίς, -ῖνος, ἡ: a ray, beam
ἄτρακτος, ἡ: a spindle
ἔκτοσθεν: outside
κάρτα: very, much
κεστός, -ή, -όν: stitched, embroidered
κεφαλή, ἡ: a head
κοσμέω: to arrange, adorn
λευκός, -ή, -όν: bright, white
λίθος, ὁ: a stone
μοῦνος, -η, -ον: alone, only
οἰνώδης, -ες: wine-colored
ὄνυξ, -υχος, ὁ: onyx

Οὐρανίη, ἡ: "the Heavenly One"
περίκειμαι: to lie around
πολυτελής, -ές: very expensive, costly
πύργος, ὁ: a tower
πυρώδης, -ες: like fire, fiery
Σαρδῷος: Sardinian
σκῆπτρον, τό: a staff, scepter
σμάραγδος, ὁ: emerald
ὑάκινθος, ὁ: hyacinth
ὑδατώδης, -ες: watery, sea-colored
φέρω: to bear
φορέω: to bear, wear
χρυσός, ὁ: gold

ἄτρακτον: The spindle is associated with the Moirae and Athena.
κεστὸν: from κεντέω, "something woven," is used of a girdle or breastband of Aphrodite (= Urania), but here is something worn on the head
τῷ ... κοσμέουσιν: rel. cl., "with which they adorn"
τῶν οἱ μὲν: "jewels of which some..."
τὰ φέρουσιν: "things which they bring"

Lucian

Ἰνδοὶ καὶ Αἰθίοπες καὶ Μῆδοι καὶ Ἀρμένιοι καὶ Βαβυλώνιοι. τὸ δὲ δὴ μέζονος λόγου ἄξιον, τοῦτο ἀπηγήσομαι· λίθον ἐπὶ τῇ κεφαλῇ φορέει· λυχνὶς καλέεται, οὔνομα δὲ οἱ τοῦ ἔργου ἡ συντυχίη. ἀπὸ τούτου ἐν νυκτὶ σέλας πολλὸν ἀπολάμπεται, ὑπὸ δέ οἱ καὶ ὁ νηὸς ἅπας οἷον ὑπὸ λύχνοισι φαείνεται. ἐν ἡμέρῃ δὲ τὸ μὲν φέγγος ἀσθενέει, ἰδέην δὲ ἔχει κάρτα πυρώδεα. καὶ ἄλλο θωυμαστόν ἐστιν ἐν τῷ ξοάνῳ. ἢν ἑστεὼς ἀντίος ἐσορέῃς, ἐς σὲ ὁρῇ καὶ μεταβαίνοντι τὸ βλέμμα ἀκολουθέει· καὶ ἢν ἄλλος ἑτέρωθεν ἱστορέῃ, ἴσα καὶ ἐς ἐκεῖνον ἐκτελέει.

Αἰθίοψ, -οπος, ὁ: Aethiopian
ἀκολουθέω: to follow
ἀντίος, -ία, -ίον: against, opposite
ἄξιος, -ίη, -ον: worthy
ἀπηγέομαι: to relate, narrate
ἀπολάμπω: to shine, glitter
ἀσθενέω: to grow weak, be faint
βλέμμα, -ατος, τό: a look, glance
εἰσορέω: to look upon, view
ἐκτελέω: to accomplish, achieve
ἔργον, τό: a deed, work
ἑτέρωθεν: from the other side
ἡμέρη, ἡ: a day
θαυμαστός, -ή, -όν: wonderful, marvelous
ἰδέη, ἡ: a form
Ἰνδός, -ή, -όν: Indian
ἴσος, -η, -ον: equal to, the same
ἵστημι: to make to stand
ἱστορέω: to inquire into, seek
καλέω: to call
κάρτα: very, much
κεφαλή, ἡ: a head
λίθος, ὁ: a stone
λυχνίς, -ίδος, ἡ: lychnis
λύχνος, ὁ: a lamp
μείζων, -ον: larger
μεταβαίνω: to pass over, change position
Μῆδος, ὁ: a Mede, Median
νηός, ὁ: the dwelling of a god, a temple
νύξ, νυκτός, ἡ: night
ξόανον, τό: a statue
ὁρέω: to see
οὔνομα, -ματα, τό: a name
πυρώδης, -ες: like fire, fiery
σέλας, -αος, τό: a bright flame, blaze, light
συντυχίη, ἡ: an occurrence, incident
φαίνω: to bring to light, show
φέγγος, -εος, τό: light, splendor
φορέω: to bear, wear

τὸ ... ἄξιον: "that which is worthy of" + gen.
ἀπηγήσομαι: fut. of ἀπο-ηγέομαι, "I will explain"
φορέει: "she (the goddess) carries"
λυχνὶς: The stone's name is connected with the properties of a λύχνος, "a lamp."
ὑπὸ δέ οἱ: "and from it"
οἷον ὑπὸ λύχνοισι: "as though from lamps"
ἀσθενέει: "weakens"
ἢν ... ἐσορέῃς: pr. subj. of ἐς-ὁρέω in pr. gen. cl., "if you look at it directly"
μεταβαίνοντι: pr. part. dat. ind. obj. of ἀκολουθέει, "follows the one changing position"
ἢν ... ἱστορέῃ: pr. subj. in pr. gen. cond., "if someone else seeks from the other side"

On the Syrian Goddess

The Semeion (Standard)

The "standard" between the deities of Hierapolis (3rd C. CE coin)

[33] Ἐν μέσῳ δὲ ἀμφοτέρων ἕστηκεν ξόανον ἄλλο χρύσεον, οὐδαμὰ τοῖσι ἄλλοισι ξοάνοισι εἴκελον. τὸ δὲ μορφὴν μὲν ἰδίην οὐκ ἔχει, φορέει δὲ τῶν ἄλλων θεῶν εἴδεα. καλέεται δὲ σημήιον καὶ ὑπ' αὐτῶν Ἀσσυρίων, οὐδέ τι οὔνομα ἴδιον αὐτῷ ἔθεντο, ἀλλ' οὐδὲ γενέσιος αὐτοῦ καὶ εἴδεος λέγουσιν.
καί μιν οἱ μὲν ἐς Διόνυσον, ἄλλοι δὲ ἐς Δευκαλίωνα, οἱ δὲ ἐς Σεμίραμιν ἄγουσιν· καὶ γὰρ δὴ ὦν ἐπὶ τῇ κορυφῇ αὐτοῦ

ἄγω: to lead, bring
ἀμφότερος, -η, -ον: each, both
γένεσις, -ιος, ἡ: an origin, source
Διόνυσος, ὁ: Dionysus
εἶδος, -εος, τό: a form, shape, figure
εἴκελος, -η, -ον: like (+ dat.)
ἴδιος, -η, -ον: one's own, proper (name)
ἵστημι: to make to stand
καλέω: to call

κορυφή, ἡ: the head, top
μέσος, -η, -ον: middle
μορφή, ἡ: a form, shape
ξόανον, τό: a statue
οὔνομα, -ματα, τό: a name
σημεῖον, τό: a sign, a mark, token
τίθημι: to set, put, place
φορέω: to bear
χρύσεος, -η, -ον: golden, of gold

ἕστηκεν: perf. of ἵστημι, "stands"
ἄλλοισι ξοάνοισι: dat. pl with εἴκελον, "similar to *the other statues*"
τὸ ... οὐκ ἔχει: "which does not have"
καλέεται δὲ σημήιον: "it is called 'the standard.'" This item is represented on coins and statues
ἔθεντο: ao. mid. of τίθημι, "nor *did they place* X (acc.) on Y (dat.)"
οὐδὲ ... λέγουσιν: "nor do they speak of" + gen.
ἄγουσιν: "*they connect* X (acc.) to Y (ἐς + acc.)"
Διόνυσον: see sec. 16 above
Δευκαλίωνα: see sec. 12-13 above
Σεμίραμιν: see sec. 14 above
καὶ γὰρ δὴ ὦν: "for indeed"; δὴ ὦν is common in Herodotus, but the addition of καὶ γὰρ is unusual.

Two seated deities, probably Atargatis and her consort Hadad, enthroned with the "standard" between them. Limestone relief, from the temple of Atargatis at Dura-Europos. (50 - 250 CE) Drawing © S. Beaulieu

περιστερὴ χρυσέη ἐφέστηκεν, τοὔνεκα δὴ μυθέονται Σεμιράμιος ἔμμεναι τόδε σημήιον. ἀποδημέει δὲ δὶς ἑκάστου ἔτεος ἐς θάλασσαν ἐς κομιδὴν τοῦ εἶπον ὕδατος.

The throne of the sun

[34] Ἐν αὐτῷ δὲ τῷ νηῷ ἐσιόντων ἐν ἀριστερῇ κέαται πρῶτα μὲν θρόνος Ἡελίου, αὐτοῦ δὲ ἕδος οὐκ ἔνι· μούνου γὰρ Ἡελίου καὶ Σεληναίης ξόανα οὐ δεικνύουσιν. ὅτευ δὲ εἵνεκα ὧδε νομίζουσιν, ἐγὼ καὶ τόδε ἔμαθον. λέγουσι τοῖσι μὲν ἄλλοισι θεοῖσιν ὅσιον ἔμμεναι ξόανα ποιέεσθαι, οὐ γὰρ σφέων ἐμφανέα πάντεσι τὰ εἴδεα· Ἥλιος δὲ καὶ Σεληναίη πάμπαν

ἀποδημέω: to be away from home, travel
ἀριστερός, -ή, -όν: left, on the left
δείκνυμι: to display, exhibit
δίς: twice, doubly
ἕδος, -εος, τό: a seated statue
εἶδος, -εος, τό: form, shape, figure
εἵνεκα: on account of, for the sake of (+ gen.)
ἕκαστος, -η, -ον: each, every
ἐμφανής, -ές: visible, apparent
ἐσέρχομαι: to go in, enter
ἔτος, -εος, τό: a year
ἐφίστημι: to set or place upon
Ἥλιος, ὁ: Helios, the sun god
θάλασσα, ἡ: a sea
θεός, ὁ: a god
θρόνος, ὁ: a seat, throne
κεῖμαι: to be laid

κομιδή, ἡ: attendance, care
μανθάνω: to learn
μοῦνος, -η, -ον: alone, only
μυθέομαι: to say, speak
νηός, ὁ: the dwelling of a god, a temple
νομίζω: to think, believe
ξόανον, τό: an image, statue
ὅσιος, -η, -ον: sacred, pious
πάμπαν: quite, wholly, altogether
περιστερή, ἡ: a pigeon
ποιέω: to make
πρῶτος, -η, -ον: first
Σεληναίη, ἡ: Selene, the moon goddess
σημεῖον, τό: a sign, a mark, symbol
τοὔνεκα: for that reason, therefore
ὕδωρ, ὕδατος, τό: water
χρύσεος, -η, -ον: golden, of gold
ὧδε: so, thus

ἐφέστηκεν: perf. of ἐπι-ἵστημι, "stands upon"
ἔμμεναι: pr. inf after μυθέονται, "they say *that it is* of Semiramis"
ἐς κομιδὴν: "for the conveyance"
τοῦ εἶπον: rel. cl., "of which I spoke"
ἐσιόντων: pr. part. gen. of ἐσ-έρχομαι, "on the left *of those entering*"
οὐκ ἔνι (=ἐν-ἐστι): "is not inside"
ὅτευ: gen. with εἵνεκα, "on account *of what*" i.e. why
νομίζουσιν: "they have this practice"
ἔμαθον: ao. of μανθάνω, "I learnt"
ἄλλοισι: dat. of ref., "for other gods"
ἔμμεναι: pr. inf. in ind. st., "that it is pious to" + inf.
πάντεσι: dat. after ἐμφανέα, "visible *to all*"

ἐναργέες καὶ σφέας πάντες ὀρέουσι. κοίη ὦν αἰτίη ξοανουργίης τοῖσι ἐν τῷ ἠέρι φαινομένοισι;

The statue of Apollo

[35] Μετὰ δὲ τὸν θρόνον τοῦτον κέαται ξόανον Ἀπόλλωνος, οὐκ οἷον ἐώθεε ποιέεσθαι· οἱ μὲν γὰρ ἄλλοι πάντες Ἀπόλλωνα νέον τε ἥγηνται καὶ πρωθήβην ποιέουσιν, μοῦνοι δὲ οὗτοι Ἀπόλλωνος γενειήτεω ξόανον δεικνύουσιν. καὶ τάδε ποιέοντες ἑωυτοὺς μὲν ἐπαινέουσιν, Ἑλλήνων δὲ κατηγορέουσιν καὶ ἄλλων ὁκόσοι Ἀπόλλωνα παῖδα θέμενοι ἱλάσκονται. αἰτίη δὲ ἥδε. δοκέει αὐτέοισι ἀσοφίη μεγάλη

αἰτίη, ἡ: a cause, reason
Ἀπόλλων, -ωνος, ὁ: Apollo
ἀσοφίη, ἡ: stupidity
γενειήτης, -ου: bearded
δείκνυμι: to display, exhibit
ἔθω: to be accustomed
Ἕλλην: Greek
ἐναργής, -ές: visible, palpable, in bodily shape
ἐπαινέω: to approve, commend
ἡγέομαι: to believe, hold
ἠήρ, ἠέρος, ὁ: air
θρόνος, ὁ: a seat, throne
ἱλάσκομαι: to appease
κατηγορέω: to accuse, criticize
κεῖμαι: to be laid
κοῖος, -η, -ον: of what nature? of what sort?
μοῦνος, -η, -ον: alone, only
νέος, νέη, νέον: young, youthful
ξόανον, τό: a statue
ξοανουργία: a carving of images, statue-making
ὁκόσος, -η, -ον: as many as
ὁρέω: to see
παῖς, παῖδος, ὁ: a boy, child
ποιέω: to make, do
πρωθήβης, -ου: in the prime of youth
τίθημι: to set, put, place
φαίνω: to show, reveal

ἐναργέες: pred. nom., "are visible"
ξοανουργίης: gen. with αἰτίη, "the reason *of statue making*"
τοῖσι ... φαινομένοισι: dat. of ref., "for those appearing"
μετὰ: + acc., "behind"
Ἀπόλλωνος: Apollo is here identified with Nabu, the Babylonia god of wisdom.
ἐώθεε: impf., "not as he usually was" + inf.
νέον: pred. acc., "think him *young*"
κατηγορέουσιν: "they find fault with" + gen.
θέμενοι: ao. part. of τίθημι, "by supposing"

ἔμμεναι ἀτελέα ποιέεσθαι τοῖσι θεοῖσι τὰ εἴδεα, τὸ δὲ νέον ἀτελὲς ἔτι νομίζουσιν. ἐν δὲ καὶ ἄλλο τῷ σφετέρῳ Ἀπόλλωνι καινουργέουσι: μοῦνοι Ἀπόλλωνα εἵμασι κοσμέουσιν.

Apollo's oracle at Hierapolis

[36] ἔργων δὲ αὐτοῦ πέρι πολλὰ μὲν ἔχω εἰπεῖν, ἐρέω δὲ τὸ μάλιστα θωυμάζειν ἄξιον. πρῶτα δὲ τοῦ μαντηίου ἐπιμνήσομαι. μαντήια πολλὰ μὲν παρ' Ἕλλησι, πολλὰ δὲ καὶ παρ' Αἰγυπτίοισι, τὰ δὲ καὶ ἐν Λιβύῃ, καὶ ἐν τῇ δὲ Ἀσίῃ πολλά ἐστιν. ἀλλὰ τὰ μὲν οὔτε ἱρέων ἄνευ οὔτε προφητέων φθέγγονται, ὅδε δὲ αὐτός τε κινέεται καὶ τὴν μαντηίην ἐς

Αἰγύπτιος, -η, -ον: Egyptian
ἄνευ: without
ἄξιος, -ίη, -ον: worthy
Ἀπόλλων, -ωνος, ὁ: Apollo
Ἀσίη, ἡ: Asia
ἀτελής, -ές: incomplete, imperfect
εἶδος, -εος, τό: form, shape, figure
εἷμα, -ατος, τό: a garment
Ἕλλην: Greek
ἐπιμιμνήσκομαι: to remember, think of
ἔργον, τό: a deed, work
θαυμάζω: to wonder, marvel,
θεός, ὁ: a god
ἱερεύς, ὁ: a priest
ἱρός, -ή, -όν: sacred, holy

καινουργέω: to begin something new
κινέω: to move
κοσμέω: to arrange, adorn
Λιβύη, ἡ: Libya
μαντήιον, τό: an oracle
μαντήιος, -η, -ον: oracular, prophetic
μοῦνος, -η, -ον: alone, only
νέος, νέη, νέον: young, youthful
νομίζω: to think, believe
ποιέω: to make
προφήτης, ὁ: an interpreter
πρῶτος, -η, -ον: first
σφέτερος, -η, -ον: their own, their
φθέγγομαι: to utter, speak

ἔμμεναι: pr. inf. complementing δοκέει, "there seems to be" + nom.
ποιέεσθαι: pr. inf. in app. to ἀσοφίη, "unwise to make images incomplete"
ἐν δὲ καὶ: "and in addition" or "among others," a phrase of Herodotus
ἄλλο: acc. of resp., "in another way"
εἵμασι: dat. of means, "with clothes"
ἔχω εἰπεῖν: "I am able to say"
ἐρέω δὲ: "but I will say"
θωυμάζειν: epexegetic inf. after ἄξιον, "worthy to wonder at"
ἐπιμνήσομαι: fut. of ἐπι-μιμνήσκω + gen., "I will remember"
τὰ μὲν ... ὅδε δὲ αὐτός: "while those ... this one itself"
ἐς τέλος: "all the way to the end," i.e. completely

Lucian

τέλος αὐτουργέει. τρόπος δὲ αὐτῆς τοιόσδε. εὖτ' ἂν ἐθέλῃ χρησμηγορέειν, ἐν τῇ ἕδρῃ πρῶτα κινέεται, οἱ δέ μιν ἱρέες αὐτίκα ἀείρουσιν· ἢν δὲ μὴ ἀείρωσιν, ὁ δὲ ἱδρώει καὶ ἐς μέζον ἔτι κινέεται. εὖτ' ἂν δὲ ὑποδύντες φέρωσιν, ἄγει σφέας πάντῃ περιδινέων καὶ ἐς ἄλλον ἐξ ἑτέρου μεταπηδέων. τέλος ὁ ἀρχιερεὺς ἀντιάσας ἐπερέεταί μιν περὶ ἁπάντων πρηγμάτων· ὁ δὲ ἤν τι μὴ ἐθέλῃ ποιέεσθαι, ὀπίσω ἀναχωρέει, ἢν δέ τι ἐπαινέῃ, ἄγει ἐς τὸ πρόσω τοὺς προφέροντας ὅκωσπερ ἡνιοχέων. οὕτως μὲν συναγείρουσι τὰ θέσφατα, καὶ οὔτε ἱρὸν

ἄγω: to lead
ἀείρω: to lift, raise up
ἀναχωρέω: to go back
ἀντιάζω: to meet face to face
ἀρχιερεύς, -εως, ὁ: a high priest
αὐτίκα: straightway, at once
αὐτουργέω: to act directly, do one's own work
ἕδρη, ἡ: a seat
ἐθέλω: to wish
ἐπαινέω: to approve
ἐπερέομαι: to question
εὖτε: when
ἡνιοχέω: to drive a chariot
θέσφατος, -ον: spoken by a god
ἱδρόω: to sweat, perspire
ἱερεύς, ὁ: a priest
ἱρός, -ή, -όν: sacred, holy

κινέω: to move
μεταπηδέω: to jump about
ὅκωσπερ: just as
ὀπίσω: backwards
πάντῃ: every way, on every side
περιδινέω: to whirl around
ποιέω: to make
πρῆγμα, -ατος, τό: a matter
πρόσω: forwards
προφέρω: to bring before
πρῶτος, -η, -ον: first
συναγείρω: to gather together, assemble
τέλος, -εος, τό: a fulfillment, end
τοιόσδε, -ήδε, -όνδε: such
τρόπος, ὁ: a course, way
ὑποδύω: to put beneath
χρησμηγορέω: to utter oracles

εὖτ' ἂν ἐθέλῃ: pr. subj. in pr. gen. cl., "whenever he (the god) wishes" + inf.
ἢν δὲ μὴ ἀείρωσιν: pr. subj. in pr. gen. cond., "unless they raise it"
ἐς μέζον: "to a greater degree"
εὖτ' ἂν ... φέρωσιν: subj. in pr. gen. cl., "whenever they carry"
ὑποδύντες: ao. part., "having put themselves underneath"
πάντῃ: dat., "every which way"
ἀντιάσας: ao. part. of ἀντιάζω, "having met face to face"
ἤν τι μὴ ἐθέλῃ ... ἐπαινέῃ: pr. subj. in pr. gen. cond., "if he (the god) does not wish ... if he approves"
τοὺς προφέροντας: pr. part. acc., "those carrying him"
ὅκωσπερ ἡνιοχέων: "as though he were charioteering"

On the Syrian Goddess

πρῆγμα οὐδὲν οὔτε ἴδιον τούτου ἄνευ ποιέουσιν. λέγει δὲ καὶ τοῦ ἔτεος πέρι καὶ τῶν ὡρέων αὐτοῦ πασέων, καὶ ὁκότε οὐκ ἔρονται. λέγει δὲ καὶ τοῦ σημηίου πέρι, κότε χρή μιν ἀποδημέειν τὴν εἶπον ἀποδημίην.

[37] ἐρέω δὲ καὶ ἄλλο, τὸ ἐμεῦ παρεόντος ἔπρηξεν. οἱ μέν μιν ἱρέες ἀείροντες ἔφερον, ὁ δὲ τοὺς μὲν ἐν γῇ κάτω ἔλιπεν, αὐτὸς δὲ ἐν τῷ ἠέρι μοῦνος ἐφορέετο.

Other statues and the courtyard

[38] Μετὰ δὲ τὸν Ἀπόλλωνα ξόανόν ἐστιν Ἄτλαντος, μετὰ δὲ Ἑρμέω καὶ Εἰλειθυίης.

ἀείρω: to lift, raise up
ἀποδημέω: to be away from home, travel
ἀποδημίη, ἡ: a being away, expedition
Ἄτλας, -αντος, ὁ: Atlas
γῆ, ἡ: earth
Εἰλείθυιη, ἡ: Eilithyia
Ἑρμῆς, -οῦ, ὁ: Hermes
ἔτος, -εος, τό: a year
ἠήρ, ἠέρος, ὁ: air
ἴδιος, -η, -ον: one's own, private
ἱερεύς, ὁ: a priest
κάτω: down, below
κότε: when? at what time?

λείπω: to leave
μοῦνος, -η, -ον: alone, only
ξόανον, τό: a statue
ὁκότε: when
πάρειμι: to be present
ποιέω: to make, do
πρῆγμα, -ατος, τό: a deed, act, matter
πρήσσω: to make, do
σημήιον, τό: a sign, a mark, symbol
φέρω: to bear, carry
φορέω: to bear, carry
χρή: it is necessary
ὥρη, ἡ: a period of time, season

τούτου ἄνευ: "without this," i.e. without a consultation
αὐτοῦ: gen. "all by himself," i.e. spontaneously
καὶ ὁκότε: "even when"
σημηίου πέρι: "about the 'standard,'" see sec. 32 above
τὴν εἶπον: rel. cl., "the journey *which I mentioned*"
τὸ ... ἔπρηξεν: ao. of πράσσω, "which it did"
ἐμεῦ παρεόντος: gen. abs., "me being present"
ἔλιπεν: ao. of λείπω, "(the god) *left* them"
ἐφορέετο: impf. mid., "he himself *was carrying himself*"
Ἄτλαντος: gen., "a statue *of Atlas*"

Lucian

[39] τὰ μὲν ὦν ἐντὸς τοῦ νηοῦ ὧδε κεκοσμέαται· ἔξω δὲ βωμός τε κέαται μέγας χάλκεος, ἐν δὲ καὶ ἄλλα ξόανα μυρία χάλκεα βασιλέων τε καὶ ἱρέων· καταλέξω δὲ τῶν μάλιστα ἄξιον μνήσασθαι. ἐν ἀριστερῇ τοῦ νεὼ Σεμιράμιος ξόανον ἕστηκεν ἐν δεξιῇ τὸν νηὸν ἐπιδεικνύουσα. ἀνέστη δὲ δι' αἰτίην τοιήνδε. ἀνθρώποισιν ὁκόσοι Συρίην οἰκέουσιν νόμον ἐποιέετο ἑαυτὴν μὲν ὅκως θεὸν ἱλάσκεσθαι, θεῶν δὲ τῶν ἄλλων καὶ αὐτῆς Ἥρης ἀλογέειν. καὶ ὧδε ἐποίεον. μετὰ δὲ ὥς οἱ θεόθεν ἀπίκοντο νοῦσοί τε καὶ συμφοραὶ καὶ ἄλγεα, μανίης μὲν

αἰτίη, ἡ: a cause, reason
ἄλγος, -εος, τό: pain
ἀλογέω: to pay no regard, deny
ἄνθρωπος, ὁ: a man
ἀνίστημι: to set up
ἄξιος, -ίη, -ον: worthy
ἀπικνέομαι: to come to, arrive
ἀριστερός, -ή, -όν: left, on the left
βασιλεύς, -έως, ὁ: a king
βωμός, ὁ: an altar
δεξιά, ἡ: the right hand
ἐντός: within, inside (+ gen.)
ἔξω: out, outside
ἐπιδείκνυμι: to point out
Ἥρη, ἡ: the goddess Hera
θεόθεν: from the gods
ἱερεύς, ὁ: a priest
ἱλάσκομαι: to appease
ἵστημι: to make to stand
καταλέγω: to lay down
κεῖμαι: to be laid
κοσμέω: to order, arrange
μανίη, ἡ: madness, frenzy
μιμνήσκω: to remind, remember
μυρίος, -ος, -ον: numberless, countless
νηός, ὁ: the dwelling of a god, a temple
νόμος, ὁ: a law
νοῦσος, ἡ: a sickness, disease
ξόανον, τό: a statue, image
οἰκέω: to inhabit, occupy
ὁκόσος, -η, -ον: as many as
ποιέω: to make, do
συμφορή, ἡ: a misfortune
Συρίη, ἡ: Syria
χάλκεος, -έη, -εον: of bronze, brazen
ὧδε: so, thus

κεκοσμέαται: perf., "are so adorned"
ἐν δὲ καί: "in addition"
μνήσασθαι: ao. inf. epexegetic after ἄξιον, "worth *remembering*"
ἕστηκεν: perf. of ἵστημι, "stands"
ἐπιδεικνύουσα: pr. part. f. according to sense, although strictly speaking agreeing with ξόανον, "and she is gesturing toward" + acc.
ἀνέστη: ao. intr. of ἀν-ίστημι, "it was set up"
νόμον ἐποιέετο: "she made a law that" + acc. + inf.
ἀλογέειν: "that they deny" + gen.
καὶ αὐτῆς Ἥρης: "even Hera herself"
οἱ: dat., "to him"

On the Syrian Goddess

ἐκείνης ἀπεπαύσατο καὶ θνητὴν ἑωυτὴν ὁμολόγεεν καὶ τοῖσιν ὑπηκόοισιν αὖτις ἐκέλευεν ἐς Ἥρην τρέπεσθαι. τοὔνεκα δὴ ἔτι τοιῇδε ἀνέστηκεν, τοῖσιν ἀπικνεομένοισι τὴν Ἥρην ἱλάσκεσθαι δεικνύουσα, καὶ θεὸν οὐκέτι ἑωυτὴν ἀλλ' ἐκείνην ὁμολογέουσα.

[40] εἶδον δὲ καὶ αὐτόθι Ἑλένης ἄγαλμα καὶ Ἑκάβης καὶ Ἀνδρομάχης καὶ Πάριδος καὶ Ἕκτορος καὶ Ἀχιλλέος. εἶδον δὲ καὶ Νειρέος εἶδος τοῦ Ἀγλαΐης, καὶ Φιλομήλην καὶ Πρόκνην ἔτι γυναῖκας, καὶ αὐτὸν Τηρέα ὄρνιθα, καὶ ἄλλο ἄγαλμα Σεμιράμιος, καὶ Κομβάβου τὸ κατέλεξα, καὶ Στρατονίκης

ἄγαλμα, -ατος, τό: a statue
ἀνίστημι: to make to stand up
ἀπικνέομαι: to come to
ἀποπαύω: to stop, cause to cease from
αὖτις: back, again
αὐτόθι: on the spot
γυνή, γυναικός, ἡ: a woman, wife
δείκνυμι: to display, exhibit
εἶδος, -εος, τό: form, shape, figure
Ἥρη, ἡ: Hera

θνητός, -ή, -όν: mortal
ἱλάσκομαι: to appease
καταλέγω: to lay down
κελεύω: to command, order
ὁμολογέω: to agree, confess
ὄρνις, ὁ: a bird
οὐκέτι: no more, no longer
τοὔνεκα: for that reason, therefore
τρέπω: to turn, direct
ὑπήκοος, -ον: listening

ἀπεπαύσατο: ao. mid., "she ceased from" + gen. of sep.
θνητὴν: acc. pred., "herself *to be mortal*"
ἀνέστηκεν: perf. of ἀνα-ίστημι, "she still stands"
ἀπικνεομένοισι: pr. part. dat., "to those arriving"
ἱλάσκεσθαι: ind. com., "*to honor* Hera"
οὐκέτι ἑωυτὴν ἀλλ' ἐκείνην: ind. st., "that no longer she (Semiramis), but that one (Hera) is a god"
εἶδον: ao., "I saw"
Ἑλένης...Ἀγλαΐης: All figures from the Trojan War story. As in the case of the statue in 38, they are not easy to classify or understand.
τοῦ Ἀγλαΐης: "the son of Aglaie"
αὐτόθι: loc., "in the same place"
ἔτι γυναῖκας: "still women," i.e. before being changed into birds
ὄρνιθα: Tereus is already transformed
τὸ κατέλεξα: rel. cl., "the one of Combabus *which I mentioned*"

κάρτα καλόν, καὶ Ἀλεξάνδρου αὐτῷ ἐκείνῳ εἴκελον, παρὰ δέ οἱ Σαρδανάπαλλος ἕστηκεν ἄλλῃ μορφῇ καὶ ἄλλῃ στολῇ.

The Sacred Grove

[41] ἐν δὲ τῇ αὐλῇ ἄφετοι νέμονται βόες μεγάλοι καὶ ἵπποι καὶ ἀετοὶ καὶ ἄρκτοι καὶ λέοντες, καὶ ἀνθρώπους οὐδαμὰ σίνονται, ἀλλὰ πάντες ἱροί τέ εἰσι καὶ χειροήθεες.

Priests and Sacrifices

[42] ἱρέες δὲ αὐτοῖσι πολλοὶ ἀποδεδέχαται, τῶν οἱ μὲν τὰ ἱρήια σφάζουσιν, οἱ δὲ σπονδηφορέουσιν, ἄλλοι δὲ πυρφόροι καλέονται καὶ ἄλλοι παραβώμιοι. ἐπ' ἐμεῦ δὲ πλείονες καὶ τριηκοσίων ἐς τὴν θυσίην ἀπικνέοντο. ἐσθὴς δὲ αὐτέοισι πᾶσι λευκή, καὶ πῖλον ἐπὶ τῇ κεφαλῇ ἔχουσιν.

ἀετός, -οῦ, ὁ: an eagle
Ἀλέξανδρος, ὁ: Alexander, i.e. the Great
ἄνθρωπος, ὁ: a man
ἀπικνέομαι: to come to
ἀποδέκομαι: to accept, admit, approve
ἄρκτος, ἡ: a bear
αὐλή, ἡ: a courtyard
ἄφετος, -ον: let loose, ranging, roaming
βοῦς, βοός, ὁ: a bull, ox
εἴκελος, -η, -ον: like
ἐσθής, -ῆτος, ἡ: dress, clothing
θυσίη, ἡ: an offering, sacrifice
ἱερεύς, ὁ: a priest
ἵππος, ὁ: a horse
ἱρήιον, τό: a victim, sacrificial animal
ἱρός, -ή, -όν: sacred, holy
ἵστημι: to make to stand

καλέω: to call
κάρτα: very, much
κεφαλή, ἡ: a head
λευκός, -ή, -όν: light, white
λέων, -οντος, ὁ: a lion
μορφή, ἡ: form, shape
νέμομαι: to graze
παραβώμιος, -ον: altar-attending
πῖλος, ὁ: a felt cap
πύρφορος, -ον: fire-bearing
σίνομαι: to harm
σπονδηφορέω: to bear libations
στολή, ἡ: a equipment, dress
σφάζω: to slay, slaughter
τριακόσιοι, -αι, -α: three hundred
χειροήθης, -ες: manageable, tame

αὐτῷ ἐκείνῳ: dat. after εἴκελον, "similar *to that one himself*," i.e. very similar
παρὰ δέ οἱ: "*next to him* (Alexander) was Sardanapulus," the legendary last king of Assyria.
ἀποδεδέχαται: perf. pas., "are approved"
τῶν οἱ μὲν ... οἱ δὲ: "of whom some ... while others ..." etc.
ἐπ' ἐμεῦ: "in my time"
πλείονες: "more than" + gen.

On the Syrian Goddess

ἀρχιερεὺς δὲ ἄλλος ἑκάστου ἔτεος ἐπιγίγνεται, πορφυρέην τε μοῦνος οὗτος φορέει καὶ τιάρῃ χρυσέῃ ἀναδέεται. [43] ἔστι δὲ καὶ ἄλλο πλῆθος ἀνθρώπων ἱρῶν αὐλητέων τε καὶ συριστέων καὶ Γάλλων, καὶ γυναῖκες ἐπιμανέες τε καὶ φρενοβλαβέες.

[44] θυσίη δὲ δὶς ἑκάστης ἡμέρης ἐπιτελέεται, ἐς τὴν πάντες ἀπικνέονται. Διὶ μὲν ὦν κατ' ἡσυχίην θύουσιν οὔτε ἀείδοντες οὔτε αὐλέοντες· εὖτ' ἂν δὲ τῇ Ἥρῃ κατάρχωνται, ἀείδουσίν τε καὶ αὐλέουσιν καὶ κρόταλα ἐπικροτέουσιν. καί μοι τούτου πέρι σαφὲς οὐδὲν εἰπεῖν ἐδύναντο.

ἀείδω: to sing
ἀναδέω: to tie up, crown
ἄνθρωπος, ὁ: a man
ἀπικνέομαι: to come to, arrive
ἀρχιερεύς, -εως, ὁ: a chief priest
αὐλέω: to play the flute
αὐλητής, -οῦ, ὁ: a flute-player
Γάλλος, ὁ: a priest of Cybele
γυνή, γυναικός, ἡ: a woman, wife
δίς: twice, doubly
δύναμαι: to be able
ἕκαστος, -η, -ον: each, every
ἐπιγίγνομαι: to happen after, come in after
ἐπικροτέω: to rattle, clash
ἐπιμανής, -ές: mad, raving
ἐπιτελέω: to finish, accomplish, perform
ἔτος, -εος, τό: a year
εὖτε: when

Ζεύς, Διός, ὁ: Zeus
ἡμέρη, ἡ: a day
Ἥρη, ἡ: Hera
ἡσυχίη, ἡ: stillness, silence
θυσίη, ἡ: an offering, sacrifice
θύω: to sacrifice
ἱρός, -ή, -όν: sacred, holy
κατάρχω: to beginning sacrifices
κρόταλον, τό: a rattle, castanet
μοῦνος, -η, -ον: alone, only
πλῆθος, -εος, τό: a great number, crowd, multitude
πορφύρεος, -η, -ον: purple
σαφής, -ές: clear
συριστής, -οῦ, ὁ: a piper
τιάρη, -εω, ὁ: a tiara
φορέω: to bear, wear
φρενοβλαβής, -ές: deranged, frantic
χρύσεος, -η, -ον: golden, of gold

τιάρῃ : dat. of means, "with a tiara"
ἀναδέεται: "(his hair) is bound"
καὶ γυναῖκες (sc. εἰσι): "there are also women"
δὶς ἑκάστης ἡμέρης: gen. of time within which, "twice in the course of each day"
ἐς τὴν: "for which"
κατ' ἡσυχίην: "in silence"
εὖτ' ἂν ... κατάρχωνται: pr. subj. in gen. temp. cl., "when they make offerings"
κρόταλα: cogn. acc., "they rattle *rattles*"
τούτου πέρι: "about this"

Lucian

The sacred lake

[45] ἔστι δὲ καὶ λίμνη αὐτόθι, οὐ πολλὸν ἑκὰς τοῦ ἱροῦ, ἐν τῇ ἰχθύες ἱροὶ τρέφονται πολλοὶ καὶ πολυειδέες. γίγνονται δὲ αὐτῶν ἔνιοι κάρτα μεγάλοι· οὗτοι δὲ καὶ οὐνόματα ἔχουσιν καὶ ἔρχονται καλεόμενοι· ἐπ' ἐμέο δέ τις ἦν ἐν αὐτοῖσι χρυσοφορέων. ἐν τῇ πτέρυγι ποίημα χρύσεον αὐτέῳ ἀνακέατο, καί μιν ἐγὼ πολλάκις ἐθεησάμην, καὶ εἶχεν τὸ ποίημα.

[46] βάθος δὲ τῆς λίμνης πολλόν. ἐγὼ μὲν οὐκ ἐπειρήθην, λέγουσι δ' ὧν καὶ διηκοσίων ὀργυιέων πλέον ἔμμεναι. κατὰ μέσον δὲ αὐτῆς βωμὸς λίθου ἀνέστηκεν. δοκέοις

ἀνάκειμαι: to be laid up, be devoted
ἀνίστημι: to make to stand up
αὐτόθι: on the spot
βάθος, τό: depth
βωμός, ὁ: an altar
διακόσιοι, -αι, -α: two hundred
ἑκάς: far, far off
ἔρχομαι: to go, come
θεάομαι: to look on, view, behold
ἱρόν, τό: a sacred place, temple
ἱρός, -ή, -όν: sacred, holy
ἰχθύς, -ύος, ὁ: a fish
καλέω: to call
κάρτα: very, much

λίθος, ὁ: a stone
λίμνη, ἡ: a pool, lake
μέσος, -η, -ον: middle
ὄργυια, -ῆς, ἡ: a fathom
οὔνομα, -ματα, τό: a name
πειράω: to attempt, test
ποίημα, -ατος, τό: something make, a work
πολυειδής, -ές: of many kinds
πτέρυξ, -υγος, ἡ: a fin
τρέφω: to raise, rear
χρύσεος, -η, -ον: golden, of gold
χρυσοφορέω: to wear golden ornaments

ἑκὰς τοῦ ἱροῦ: gen. of sep., "far from the sanctuary"
ἐν τῇ: "in which"
αὐτῶν ἔνιοι: "of them some"
ἔρχονται καλεόμενοι: "they come when the are called"
ἐπ' ἐμέο: "in my time"
ἐν τῇ πτέρυγι: "on its fin"
αὐτέῳ: dat. with comp. verb, "was dedicated *to it*"
ἐθεησάμην: ao. of θεάομαι, "I saw"
εἶχεν: impf., "was really there"
ἐπειρήθην: ao. pas. with mid. meaning, "I did not test it for myself"
ὀργυιέων: gen. of comp. with πλέον, "more than 200 fathoms"
ἀνέστηκεν: perf. of ἀνα-ἵστημι, "stood"
δοκέοις ἄν: pr. opt. pot., "you might suppose" + inf.

On the Syrian Goddess

ἂν ἄφνω πλώειν τέ μιν καὶ τῷ ὕδατι ἐποχέεσθαι, καὶ πολλοὶ ὧδε νομίζουσιν· ἐμοὶ δὲ δοκέει στῦλος ὑφεστεὼς μέγας ἀνέχειν τὸν βωμόν. ἔστεπται δὲ ἀεὶ καὶ θυώματα ἔχει, πολλοὶ δὲ καὶ ἑκάστης ἡμέρης κατ' εὐχὴν ἐς αὐτὸν νηχόμενοι στεφανηφορέουσιν.

[47] γίγνονται δὲ αὐτόθι καὶ πανηγύριές τε μέγισται, καλέονται δὲ ἐς τὴν λίμνην καταβάσιες, ὅτι ἐν αὐτῇσι ἐς τὴν λίμνην τὰ ἱρὰ πάντα κατέρχεται. ἐν τοῖσιν ἡ Ἥρη πρώτη ἀπικνέεται, τῶν ἰχθύων εἵνεκα, μὴ σφέας ὁ Ζεὺς πρῶτος ἴδηται· ἢν γὰρ τόδε γένηται, λέγουσιν ὅτι πάντες ἀπόλλυνται.

ἀεί: always, forever
ἀνέχω: to hold up
ἀπικνέομαι: to come to, arrive
ἀπόλλυμι: to destroy, kill
ἄφνω: suddenly
βωμός, ὁ: an altar
εἵνεκα: on account of, for the sake of (+ gen.)
ἕκαστος, -η, -ον: each, every
ἐποχέομαι: to be carried upon, ride upon
εὐχή, ἡ: a prayer
Ζεύς, ὁ: Zeus
ἡμέρη, ἡ: a day
Ἥρη, ἡ: Hera
θύωμα, -ατος, τό: incense
ἱρά, -ῶν, τά: sacred rites, sacrifices
ἰχθύς, -ύος, ὁ: a fish

καλέω: to call
κατάβασις, -εως, ἡ: a going down, descent
κατέρχομαι: to go down
λίμνη, ἡ: a pool, lake
νήχω: to swim
νομίζω: to think, believe
πανήγυρις, -εως, ἡ: an assembly
πλέω: to sail, float
πρῶτος, -η, -ον: first
στεφανηφορέω: to wear a garland or crown
στέφω: to wreathe, garland
στῦλος, ὁ: a pillar
ὕδωρ, ὕδατος, τό: water
ὑφίστημι: to place under
ὧδε: so, thus

ἐποχέεσθαι: pr. inf., "to be carried upon" + dat.
ὑφεστεώς: perf. part. of ὑπο-ἵστημι, "having been set below"
ἀνέχειν: pr. inf. complementing δοκέει, "a pillar seems to hold up"
ἔστεπται: perf. pas., "it is garlanded"
κατ' εὐχὴν: "according to a vow"
αὐτόθι: loc., "in that very spot"
ὅτι ... κατέρχεται: "because they carry down"
ἡ Ἥρη: "the Hera," i.e. her cult image
μὴ ... ἴδηται: ao. subj. in purp. cl., "lest Zeus see"
ἢν γὰρ τόδε γένηται: ao. subj. in pr. gen. cond., "if that ever happened"

Lucian

καὶ δῆτα ὁ μὲν ἔρχεται ὀψόμενος, ἡ δὲ πρόσω ἱσταμένη ἀπείργει τέ μιν καὶ πολλὰ λιπαρέουσα ἀποπέμπει.

The sacred rooster

[48] μέγισται δὲ αὐτοῖσι πανηγύριες αἳ ἐς θάλασσαν νομίζονται. ἀλλ' ἐγὼ τούτων πέρι σαφὲς οὐδὲν ἔχω εἰπεῖν· οὐ γὰρ ἦλθον αὐτὸς οὐδὲ ἐπειρήθην ταύτης τῆς ὁδοιπορίης. τὰ δὲ ἐλθόντες ποιέουσιν, εἶδον καὶ ἀπηγήσομαι. ἀγγήιον ἕκαστος ὕδατι σεσαγμένον φέρουσιν, κηρῷ δὲ τάδε σεσήμανται. καί μιν οὐκ αὐτοὶ λυσάμενοι χέονται, ἀλλ' ἔστιν ἀλεκτρυὼν ἱρός, οἰκέει δὲ ἐπὶ τῇ λίμνῃ, ὃς ἐπεὶ σφέων δέξηται τὰ ἀγγήια, τὴν

ἀγγήιον, τό: a vessel
ἀλεκτρυών, -όνος, -ὁ: a cock, rooster
ἀπείργω: to keep away
ἀπηγέομαι: to relate, narrate
ἀποπέμπω: to send away, to dismiss
δέκομαι: to take, accept, receive
δῆτα: certainly, indeed
ἕκαστος, -η, -ον: each, every
ἔρχομαι: to go, come
θάλασσα, ἡ: a sea
ἱρός, -ή, -όν: sacred, holy
ἵστημι: to make to stand
κηρός, ὁ: beeswax
λίμνη, ἡ: a pool, lake
λιπαρέω: to persist

λύω: to loose, open
νομίζω: to believe, practice
ὁδοιπορίη, ἡ: a journey, way
οἰκέω: to inhabit, occupy
ὁρέω: to see
πανήγυρις, -εως, ἡ: an assembly
πειράω: to attempt, try
ποιέω: to make, do
πρόσω: forwards
σάσσω: to load, fill
σαφής, -ές: clear, distinct
σημαίνω: to mark with a sign, seal
ὕδωρ, ὕδατος, τό: water
φέρω: to bear, carry
χέω: to pour

ὀψόμενος: fut. part. of ὁρέω expressing purpose, "in order to see them"
ἱσταμένη: pr. part., "setting herself before him"
λιπαρέουσα: pr. part. instrumental, "by persisting"
αἳ ἐς θάλασσαν νομίζονται: "which are celebrated at the sea"
ἔχω εἰπεῖν: "I am not able to say"
ἦλθον: ao. of ἔρχομαι, "I went"
ἐπειρήθην: ao. pas. with mid. sense, "I tried for myself" + gen.
ἐλθόντες: ao. part., "those who have gone" i.e. upon their return
ἕκαστος ... φέρουσιν: "each one carries"
σεσαγμένον: perf. part. of σάσσω, "having been filled"
σεσήμανται: perf. of σημαίνω, "these have been sealed"
μιν: "it," i.e. the seal
ἐπεὶ ... δέξηται: pr. subj., "after he receives it" the lack of the expected ἄν is common in Herodotus

On the Syrian Goddess

τε σφρηγῖδα ὁρῇ καὶ μισθὸν ἀρνύμενος ἀνά τε λύει τὸν δεσμὸν καὶ τὸν κηρὸν ἀπαιρέεται· καὶ πολλαὶ μνέες ἐκ τουτέου τοῦ ἔργου τῷ ἀλεκτρυόνι ἀγείρονται. ἔνθεν δὲ ἐς τὸν νηὸν αὐτοὶ ἐνείκαντες σπένδουσί τε καὶ θύσαντες ὀπίσω ἀπονοστέουσιν.

The spring festival

[49] ὁρτέων δὲ πασέων τῶν οἶδα μεγίστην τοῦ εἴαρος ἀρχομένου ἐπιτελέουσιν, καί μιν οἱ μὲν πυρήν, οἱ δὲ λαμπάδα καλέουσιν. θυσίην δὲ ἐν αὐτῇ τοιήνδε ποιέουσιν. δένδρεα μεγάλα ἐκκόψαντες τῇ αὐλῇ ἑστᾶσι, μετὰ δὲ ἀγινέοντες αἶγάς τε καὶ ὄϊας καὶ ἄλλα κτήνεα ζῷα ἐκ τῶν δενδρέων

ἀγείρω: to bring together, collect
ἀγινέω: to lead, bring, carry
αἴξ, αἰγός, ὁ: a goat
ἀλεκτρυών, -όνος, -ὁ: a cock, rooster
ἀπαιρέω: to take from, take away from
ἀπονοστέω: to return, come home
ἄρνυμαι: to receive, gain, earn
ἄρχω: to begin
αὐλή, ἡ: a courtyard
δένδρεον, τό: a tree
δεσμός, ὁ: a band, bond
ἔαρ, εἴαρος, τό: spring
ἐκκόπτω: to cut down
ἔνθεν: thereupon
ἐπιτελέω: to complete, accomplish, perform
ἔργον, τό: a deed, work
ζῷον, τό: a living being, animal
θυσίη, ἡ: an offering, sacrifice
θύω: to sacrifice

ἵστημι: to make to stand
κηρός, ὁ: beeswax
κτῆνος, -εος, τό: cattle
λαμπάς, -άδος, ἡ: a lamp, torch
λύω: to loose
μισθός, ὁ: wages, pay
μνέες, αἱ: minae
νηός, ὁ: the dwelling of a god, a temple
ὄϊς, ὄϊος, ὁ: a sheep
ὀπίσω: backwards, back
ὁρέω: to see
ὁρτή, ἡ: a feast, holiday
ποιέω: to make, do
πολύς, πολλή, πολύ: many
πυρή, -ῆς, ἡ: a pyre, fire
σπένδω: to pour out an offering
σφραγίς, -ῖδος, ἡ: a seal, signet
τοιόσδε, -ήδε, -όνδε: such
φέρω: to bear

μισθὸν ἀρνύμενος: "demanding pay"
τῷ ἀλεκτρυόνι: dat. of agent, "by the cock"
ἔνθεν: "from that point"
ἐνείκαντες: ao. part. of φέρω, "having carried"
τῶν οἶδα: "which I know," with the pron. attracted into the case of the antecedent
τοῦ εἴαρος ἀρχομένου: gen. abs., "when spring begins"
οἱ μὲν ... οἱ δὲ: "some call it ... others call it"
τοιήνδε: "the following sacrifice"
ἐκκόψαντες: ao. part. of ἐκ-κόπτω, "having cut down"
ἑστᾶσι: perf. of ἵστημι, "they are stood up"

ἀπαρτέουσιν· ἐν δὲ καὶ ὄρνιθες καὶ εἵματα καὶ χρύσεα καὶ ἀργύρεα ποιήματα. ἐπεὰν δὲ ἐντελέα πάντα ποιήσωνται, περιενείκαντες τὰ ἱρὰ περὶ τὰ δένδρεα πυρὴν ἐνιᾶσιν, τὰ δὲ αὐτίκα πάντα καίονται. ἐς ταύτην τὴν ὀρτὴν πολλοὶ ἄνθρωποι ἀπικνέονται ἔκ τε Συρίης καὶ τῶν πέριξ χωρέων πασέων, φέρουσίν τε τὰ ἑωυτῶν ἱρὰ ἕκαστοι καὶ τὰ σημήια ἕκαστοι ἔχουσιν ἐς τάδε μεμιμημένα.

[50] ἐν ῥητῇσι δὲ ἡμέρῃσι τὸ μὲν πλῆθος ἐς τὸ ἱρὸν ἀγείρονται, Γάλλοι δὲ πολλοὶ καὶ τοὺς ἔλεξα, οἱ ἱροὶ ἄνθρωποι, τελέουσι τὰ ὄργια, τάμνονταί τε τοὺς πήχεας καὶ

ἀγείρω: to gather together
ἄνθρωπος, ὁ: a man
ἀπαρτάω: to hang up from
ἀπικνέομαι: to come to, arrive
ἀργύρεος, -η, -ον: silver, of silver
αὐτίκα: straightway, at once
Γάλλος, ὁ: a priest of Cybele
δένδρεον, τό: a tree
εἷμα, -ατος, τό: a garment
ἕκαστος, -η, -ον: each, every
ἐνίημι: to send in, introduce
ἐντελής, -ές: complete, full
ἐπεάν: whenever (+ subj.)
ἡμέρη, ἡ: a day
ἱρόν, τό: a sacred place, temple
ἱρός, -ή, -όν: sacred, holy
καίω: to light, kindle
μιμέομαι: to imitate, represent
ὄργια, -ίων, τά: orgies, sacred rites

ὄρνις, ὄρνιθος, ὁ: a bird
ὀρτή, ἡ: a feast, festival
πέριξ: all around
περιφέρω: to carry round
πῆχυς, πήχεος, ὁ: a forearm
πλῆθος, -εος, τό: a great number, crowd, multitude
ποιέω: to make, do
ποίημα, -ατος, τό: something made, a work
πυρή, -ῆς, ἡ: a pyre, fire
ῥητός, -ή, -όν: stated, specified
σημήιον, τό: a sign, a mark, symbol
Συρίη, ἡ: Syria
τάμνω: to cut
τελέω: to complete, accomplish, perform
φέρω: to bear
χρύσεος, -η, -ον: golden, of gold
χώρη, ἡ: a place, land

ἐν δὲ καὶ: "in addition (there are)," a phrase from Herodotus
ἐπεὰν ... ποιήσωνται: ao. subj. in gen. temp. cl., "whenever they make"
περιενείκαντες: ao. part. of περι-φέρω, "having carried X (acc.) around"
ἐνιᾶσιν: pr. of ἐν-ἵημι, "they introduce"
τὰ σημήια: "the standards," see sec. 33 above
μεμιμημένα: perf. part., "having been made in imitation"
τοὺς ἔλεξα: ao. of λέγω, "whom I have mentioned"

On the Syrian Goddess

τοῖσι νώτοισι πρὸς ἀλλήλους τύπτονται. πολλοὶ δὲ σφίσι παρεστεῶτες ἐπαυλέουσι, πολλοὶ δὲ τύμπανα παταγέουσιν, ἄλλοι δὲ ἀείδουσιν ἔνθεα καὶ ἱρὰ ᾄσματα. τὸ δὲ ἔργον ἐκτὸς τοῦ νηοῦ τόδε γίγνεται, οὐδὲ ἐσέρχονται ἐς τὸν νηὸν ὁκόσοι τόδε ποιέουσιν.

[51] ἐν ταύτῃσι τῇσι ἡμέρῃσι καὶ Γάλλοι γίγνονται. ἐπεὰν γὰρ οἱ ἄλλοι αὐλέωσί τε καὶ ὄργια ποιέωνται, ἐς πολλοὺς ἤδη ἡ μανίη ἀπικνέεται, καὶ πολλοὶ ἐς θέην ἀπικόμενοι μετὰ δὲ τοιάδε ἔπρηξαν. καταλέξω δὲ καὶ τὰ ποιέουσιν. ὁ νεηνίης ὅτῳ τάδε ἀποκέαται ῥίψας τὰ εἵματα

ἀείδω: to sing
ἀπικνέομαι: to come to, arrive
ἀπόκειμαι: to be laid away
ᾆσμα, -ατος, τό: a song
αὐλέω: to play the flute
Γάλλος, ὁ: a priest of Cybele
εἷμα, -ατος, τό: a garment, clothing
ἐκτός: outside
ἔνθεος, -ον: inspired, divine
ἐπαυλέω: to play the flute
ἐπεάν: whenever (+ subj.)
ἔργον, τό: a deed, work
ἐσέρχομαι: to go in, enter
ἡμέρη, ἡ: a day
θέη, ἡ: a seeing, looking at, view

ἱρός, -ή, -όν: sacred, holy
καταλέγω: to lay down
μανίη, ἡ: madness, frenzy
νεηνίης, ὁ: a young man
νηός, ὁ: the dwelling of a god, a temple
νῶτον, τό: the back
ὄργια, -ίων, τά: orgies, sacred rites
παρίστημι: to make to stand beside
παταγέω: to clash, beat
ποιέω: to make, do
πρήσσω: to make, do
ῥίπτω: to throw, cast, hurl
τοιόσδε, -ήδε, -όνδε: such
τύμπανον, τό: a kettledrum
τύπτω: to beat, strike

τοῖσι νώτοισι: dat., "on their backs"
παρεστεῶτες: perf. part., "standing by" + dat.
ἔνθεα καὶ ἱρὰ: "inspired and sacred songs"
ὁκόσοι τόδε ποιέουσιν: "those who do these things," the phrase is the subj. of ἐσέρχονται
Γάλλοι: pred., "men become Galli"
ἐπεὰν ... αὐλέωσί ... ποιέωνται: pr. subj. in pr. gen. cl., "while others play and perform"
ἐς θέην: "just for the sight"
ἀπικόμενοι: ao. part. of ἀπο-ικνέομαι, "having come"
ἔπρηξαν: ao. of πράσσω, "they did these things later"
ὅτῳ τάδε ἀποκέαται: "to whom these things are appointed"
ῥίψας: ao. part. of ῥίπτω, "having cast"

Lucian

μεγάλῃ βοῇ ἐς μέσον ἔρχεται καὶ ξίφος ἀναιρέεται· τὸ δὲ πολλὰ ἔτη, ἐμοὶ δοκέει, καὶ τοῦτο ἕστηκε. λαβὼν δὲ αὐτίκα τάμνει ἑωυτὸν θέει τε διὰ τῆς πόλιος καὶ τῇσι χερσὶ φέρει τὰ ἔταμεν. ἐς ὁκοίην δὲ οἰκίην τάδε ἀπορρίψει, ἐκ ταύτης ἐσθῆτά τε θηλέην καὶ κόσμον τὸν γυναικήιον λαμβάνει. τάδε μὲν ἐν τῇσι τομῇσι ποιέουσιν.

Cultic regulations

[52] ἀποθανόντες δὲ Γάλλοι οὐκ ὁμοίην ταφὴν τοῖσιν ἄλλοισι θάπτονται, ἀλλ' ἐὰν ἀποθάνῃ Γάλλος, ἑταῖροί μιν ἀείραντες ἐς τὰ προάστεια φέρουσιν, θέμενοι δὲ αὐτὸν καὶ τὸ

ἀείρω: to lift, raise up
ἀναιρέω: to take up, raise
ἀποθνήσκω: to die
ἀπορρίπτω: to throw away
αὐτίκα: straightway, at once
βοή, ἡ: a loud cry, shout
Γάλλος, ὁ: a priest of Cybele
γυναικεῖος, -η, -ον: of a woman, feminine
ἔρχομαι: to go, come
ἐσθής, -ῆτος, ἡ: dress, clothing
ἑταῖρος, ὁ: a companion
ἔτος, -εος, τό: a year
θάπτω: to bury, honor with funeral rites
θέω: to run
θῆλυς, θήλεα, θῆλυ: female
ἵστημι: to make to stand

κόσμος, ὁ: adornment
λαμβάνω: to take
μέσος, -η, -ον: middle
ξίφος, -εος, τό: a sword
οἰκίη, ἡ: a house
ὁκοῖος, -η, -ον: of what sort, what kind
ὅμοιος, -η, -ον: like, resembling
ποιέω: to make
πόλις, -ιος, ἡ: a city
προάστειον, τό: a suburb
τάμνω: to cut
ταφή, ἡ: a burial, funeral
τίθημι: to set, put, place
τομή, ἡ: a cutting, castration
φέρω: to bear, carry
χείρ, χειρός, ἡ: a hand

μεγάλῃ βοῇ: dat. of man., "with a great shout"
τὸ δὲ: "this (sword)"
πολλὰ ἔτη: acc. of dur., "for many years"
ἕστηκε: perf., "this has stood"
λαβών: ao. part. of λαμβάνω, "having grasped'
τὰ ἔταμεν: ao. of τάμνω, "that which *he cut*"
ἐς ὁκοίην δὲ οἰκίην: "into whatever home"
ἀπορρίψει: fut. of ἀπορρίπτω, "he will cast away"
ἐκ ταύτης (sc. οἰκίης): "from that one"
οὐκ ὁμοίην: "not similar to" + dat.
ἐὰν ἀποθάνῃ: ao. subj. of ἀπο-θνήσκω in pres. gen. cond., "if one dies"
ἀείραντες: ao. part., "having raised him up"
θέμενοι: ao. part. fo τίθημι, "having deposited"

On the Syrian Goddess

φέρτρον τῷ ἐκόμισαν, ὕπερθε λίθοις βάλλουσιν, καὶ τάδε πρήξαντες ὀπίσω ἀπονοστέουσιν. φυλάξαντες δὲ ἑπτὰ ἡμερέων ἀριθμὸν οὕτως ἐς τὸ ἱρὸν ἐσέρχονται· πρὸ δὲ τουτέων ἢν ἐσέλθωσιν, οὐκ ὅσια ποιέουσιν. [53] νόμοισι δὲ ἐς ταῦτα χρέωνται τουτέοισι. ἢν μέν τις αὐτέων νέκυν ἴδηται, ἐκείνην τὴν ἡμέρην ἐς τὸ ἱρὸν οὐκ ἀπικνέεται, τῇ ἑτέρῃ δὲ καθήρας ἑωυτὸν ἐσέρχεται. αὐτῶν δὲ τῶν οἰκείων τοῦ νέκυος ἕκαστοι φυλάξαντες ἀριθμὸν ἡμερέων τριήκοντα καὶ τὰς κεφαλὰς

ἀπικνέομαι: to come to
ἀπονοστέω: to return, come home
ἀριθμός, ὁ: number
βάλλω: to throw
ἕκαστος, -η, -ον: each, every
ἑπτά: seven
ἐσέρχομαι: to go in, enter
ἡμέρη, ἡ: a day
ἱρόν, τό: a sacred place, temple
καθαίρω: to purify, cleanse
κεφαλή, ἡ: a head
κομίζω: to take care of, carry
λίθος, ὁ: a stone
νέκυς, -υος, ὁ: a dead body, corpse

νόμος, ὁ: a custom, law
οἰκεῖος, -η, -ον: of the house, related
ὀπίσω: backwards, back
ὅσιος, -η, -ον: pious, permitted by the gods
ποιέω: to make, do
πρήσσω: to make, do
πρό: before
τριάκοντα: thirty
ὕπερθεν: from above
φέρτρον, τό: a bier, litter
φυλάσσω: to keep watch, guard
χράομαι: to use

τῷ ἐκόμισαν: "the litter *with which* they brought him"
λίθοις: dat. of means, "with stones"
πρήξαντες: ao. part. of πρήσσω, "*having done* this"
φυλάξαντες: ao. part. of φυλάσσω, "having guarded"
ἀριθμὸν: acc. of dur., "for a period of" + gen.
ἢν ἐσέλθωσιν: ao. subj. of ἐσ-ἔρχομαι in pres. gen. cond. "if ever they enter"
νόμοισι: dat. of means after χρέωνται "they use these *laws*"
ἐς ταῦτα: "for these things" i.e. burial practices
ἢν ... ἴδηται: ao. subj. in pr. gen. cond. "if anyone sees"
ἡμέρην: acc. of dur. "for the length of that day"
τῇ ἑτέρῃ (sc. ἡμέρῃ): dat. of time when "on the next day"
καθήρας: ao. part. of καθαίρω "having cleansed"
τῶν οἰκείων: gen. with ἕκαστοι "each *of his relatives*"
ἀριθμὸν: acc. of dur. "for a period of" + gen.

Lucian

ξυράμενοι ἐσέρχονται: πρὶν δὲ τάδε ποιῆσαι, οὔ σφίσι ἐσιέναι ὅσιον.

Sacrificial animals

[54] θύουσιν δὲ βόας ἄρσενάς τε καὶ θήλεας καὶ αἶγας καὶ ὄϊας. σύας δὲ μοῦνον ἐναγέας νομίζοντες οὔτε θύουσιν οὔτε σιτέονται. ἄλλοι δ' οὐ σφέας ἐναγέας, ἀλλὰ ἱροὺς νομίζουσιν. ὀρνίθων τε αὐτέοισι περιστερὴ δοκέει χρῆμα ἱρότατον καὶ οὐδὲ ψαύειν αὐτέων δικαιέουσιν: καὶ ἢν ἀέκοντες ἄψωνται, ἐναγέες ἐκείνην τὴν ἡμέρην εἰσί. τοὔνεκα δὲ αὐτέοισι σύννομοί τέ εἰσι καὶ ἐς τὰ οἰκεῖα ἐσέρχονται καὶ τὰ πολλὰ ἐν γῇ νέμονται.

ἀέκων, -ουσα, -ον: unwilling
αἴξ, αἰγός, ὁ: a goat
ἅπτω: to fasten, (mid.) to touch
ἄρσην, -ενος: male
βοῦς, βοός, ὁ: a bull, ox
γῆ, ἡ: earth, ground
δικαιόω: to think right, condone
ἐναγής, -ές: cursed, polluted
ἐσέρχομαι: to go in, enter
ἡμέρη, ἡ: a day
θῆλυς, θήλεα, θῆλυ: female
θύω: to sacrifice
ἱρός, -ή, -όν: sacred, holy
μοῦνος, -η, -ον: alone, only
νέμομαι: to graze, feed
νομίζω: to think, believe

ξύρω: to shave
οἰκεῖος, -η, -ον: of the house, domestic
ὄϊς, ὄϊος, ὁ: a sheep
ὄρνις, ὄρνιθος, ὁ: a bird
ὅσιος, -η, -ον: permitted by the gods
περιστερή, ἡ: a pigeon, dove
ποιέω: to make, do
πρίν: before
σιτέω: to eat
σύννομος, ὁ: a partner
σῦς, συός, ὁ: a boar, pig
τοὔνεκα: for that reason, therefore
χρῆμα, -ατος: a thing that one uses, object
ψαύω: to touch

ξυράμενοι: ao. part. of ξυρέω "having shaved"
πρίν: "before" + inf.
ἐσιέναι: epexegetic inf. of ἐσ-έρχομαι after ὅσιον "it is not holy *to enter*"
ἐναγέας: pred. acc. "to be *cursed*"
σφέας: "them" i.e. pigs
ὀρνίθων: gen. pl. "*of birds* the dove"
χρῆμα ἱρότατον: pred. "the most holy thing"
ψαύειν: pr. inf. after δικαιέουσιν "they do not condone *to touch*" + gen.
ἢν ἅψωνται: ao. subj. in pr. gen. cond. "if they touch"
τὴν ἡμέρην: acc. of dur. "for that day"
σύννομοι: pred. "they (doves) are domestic partners"

On the Syrian Goddess

Pilgrimage

[55] λέξω δὲ καὶ τῶν πανηγυριστέων τὰ ἕκαστοι ποιέουσιν. ἀνὴρ εὖτ' ἂν ἐς τὴν ἱρὴν πόλιν πρῶτον [ἀπέρχηται], κεφαλὴν μὲν ὅδε καὶ ὀφρύας ἐξύρατο, μετὰ δὲ ἰρεύσας ὄϊν τὰ μὲν ἄλλα κρεουργέει τε καὶ εὐωχέεται, τὸ δὲ νάκος χαμαὶ θέμενος ἐπὶ τούτου ἐς γόνυ ἕζεται, πόδας δὲ καὶ κεφαλὴν τοῦ κτήνεος ἐπὶ τὴν ἑωυτοῦ κεφαλὴν ἀναλαμβάνει· ἅμα δὲ εὐχόμενος αἰτέει τὴν μὲν παρεοῦσαν θυσίην δέκεσθαι, μέζω δὲ ἐσαῦτις ὑπισχνέεται. τελέσας δὲ ταῦτα, τὴν κεφαλὴν

αἰτέω: to ask
ἀναλαμβάνω: to take up
ἀνήρ, ἀνδρός, ὁ: a man
ἀπικνέομαι: to come to
γόνυ, γούνατος, τό: a knee
δέκομαι: to take, accept, receive
ἕζομαι: to sit
ἕκαστος, -η, -ον: each, every
εὔχομαι: to pray
εὐωχέω: to feast sumptuously
θυσίη, ἡ: an offering, sacrifice
ἰερεύω: to slaughter
ἱρός, -ή, -όν: sacred, holy
κεφαλή, ἡ: a head
κρεουργέω: to cut up, butcher
κτῆνος, -εος, τό: cattle

νάκος, τό: fleece
ξύρω: to shave
ὄϊς, ὄϊος, ὁ: a sheep
ὀφρύη, ἡ: an eyebrow
πανηγυριστής, -οῦ, ὁ: one who attends an assembly
πάρειμι: to be present
ποιέω: to make, do
πόλις, -ιος, ἡ: a city
πούς, ποδός, ὁ: a foot
πρῶτος, -η, -ον: first
τελέω: to complete, accomplish, perform
τίθημι: to set, put, place
ὑπισχνέομαι: to promise
χαμαί: on the ground

τὰ ἕκαστοι ποιέουσιν: "which each of the festival-goers does"
εὖτ' ἂν ... ἀπέρχηται: pr. subj. in gen. temp. cl. "whenever a man is setting out"
ἐξύρατο: ao. of ξυρέω "he shaves" the aorist is timeless
ἰρεύσας: ao. part. "having sacrificed"
τὰ μὲν ἄλλα ... τὸ δὲ νάκος: "the rest of it ... but the fleece"
θέμενος: ao. part. of τίθημι "having placed"
ἐς γόνυ: "on his knee"
ἀναλαμβάνει: "he takes up X (acc) on his own head"
παρεοῦσαν: pr. part. "the *present* offering"
δέκεσθαι: pr. inf. in ind. com. after αἰτέει "to receive"
μέζω δὲ: "*and more* he promises"
τελέσας: ao. part. "having performed"
αὐτοῦ τε καὶ τῶν ἄλλων: "*his own* head and (the heads) *of the others*"

Lucian

αὐτοῦ τε στέφεται καὶ τῶν ἄλλων ὁκόσοι τὴν αὐτὴν ὁδὸν ἀπικνέονται, ἄρας δὲ ἀπὸ τῆς ἑωυτοῦ ὁδοιπορέει, ὕδασί τε ψυχροῖσι χρεόμενος λουτρῶν τε καὶ πόσιος εἵνεκα καὶ ἐς πάμπαν χαμοκοιτέων· οὐ γάρ οἱ εὐνῆς ἐπιβῆναι ὅσιον πρὶν τήν τε ὁδὸν ἐκτελέσαι καὶ ἐς τὴν ἑωυτοῦ αὖτις ἀπικέσθαι. [56] ἐν δὲ τῇ ἱρῇ πόλει ἐκδέκεταί μιν ἀνὴρ ξεινοδόκος ἀγνοέοντα· ῥητοὶ γὰρ δὴ ὦν ἑκάστης πόλιος αὐτόθι ξεινοδόκοι εἰσίν, καὶ

ἀγνοέω: not to know
αἴρω: to take up, lift up
ἀνήρ, ἀνδρός, ὁ: a man
ἀπικνέομαι: to come to
αὖτις: back, again
αὐτόθι: on the spot
εἵνεκα: on account of, for the sake of (+ gen.)
ἕκαστος, -η, -ον: each, every
ἐκδέκομαι: to receive
ἐκτελέω: to bring to an end, accomplish
ἐπιβαίνω: to go upon
εὐνή, ἡ: a bed
ἱρός, -ή, -όν: sacred, holy
λουτρόν, τό: a bath
ξεινοδόκος, ὁ: one who receives strangers, a host
ὁδοιπορέω: to travel, walk
ὁδός, ἡ: a way, path, journey
ὁκόσος, -η, -ον: as many as
ὅσιος, -η, -ον: pious, permitted by the gods
πάμπαν: wholly, altogether
πόλις, -ιος, ἡ: a city
πόσις, -ιος, ἡ: a drink
πρίν: before
ῥητός, -ή, -όν: stated, specified
στέφω: to garland, crown
ὕδωρ, ὕδατος, τό: water
χαμοκοιτέω: to sleep on the ground
χράομαι: to use
ψυχρός, -ή, -όν: cold

τὴν αὐτὴν ὁδὸν: "the same road"
ἄρας: ao. part. of αἴρω "having taken up (his burdens)"
ἀπὸ τῆς ἑωυτοῦ: "from his own (land) he travels"
χρεόμενος: pr. part. "using" + dat.
ἐς πάμπαν: "for the whole time"
οἱ: dat. of ref., "for him"
ἐπιβῆναι: ao. inf. of ἐπι-βαίνω epexegetic after ὅσιον "pious *to mount*" + gen.
πρὶν ... ἐκτελέσαι: ao. inf. "before completing"
ἀπικέσθαι: ao. inf. also after πρὶν "before arriving (back)"
μιν ... ἀγνοέοντα: "receives *him* (the pilgrim) *despite not knowing him*"
γὰρ δὴ ὦν: "for indeed"; δὴ ὦν is common in Herodotus, but the addition of γὰρ is unusual.
ἑκάστης πόλιος: obj. gen. "appointed *for each city*"

On the Syrian Goddess

τόδε πατρόθεν οἴκοι δέκονται. καλέονται δὲ ὑπὸ Ἀσσυρίων οἵδε διδάσκαλοι, ὅτι σφίσι πάντα ὑπηγέονται.

[57] θύουσι δὲ οὐκ ἐν αὐτῷ τῷ ἱρῷ, ἀλλ' ἐπεὰν παραστήσῃ τῷ βωμῷ τὸ ἱρήιον, ἐπισπείσας αὖτις ἄγει ζωὸν ἐς τὰ οἰκεῖα, ἐλθὼν δὲ κατ' ἑωυτὸν θύει τε καὶ εὔχεται.

Sacrifice from the propylaea

[58] ἔστιν δὲ καὶ ἄλλης θυσίης τρόπος τοιόσδε. στέψαντες τὰ ἰρήια, ζωὰ ἐκ τῶν προπυλαίων ἀπιᾶσιν, τὰ δὲ κατενεχθέντα θνήσκουσιν. ἔνιοι δὲ καὶ παῖδας ἑωυτῶν ἐντεῦθεν ἀπιᾶσιν, οὐκ ὁμοίως τοῖς κτήνεσιν, ἀλλ' ἐς πήρην ἐνθέμενοι

ἄγω: to lead, bring
ἀπίημι: to send forth, throw
αὖτις: back, again
βωμός, ὁ: an altar
δέκομαι: to take, accept, receive
διδάσκαλος, ὁ: a teacher, master
ἔνιοι, -αι, -α: some
ἐντεῦθεν: thence, from there
ἐντίθημι: to put in
ἐπεάν: whenever (+ subj.)
ἐπισπένδω: to pour a libation
ἔρχομαι: to go, come
εὔχομαι: to pray
ζῷον, τό: an animal
ζωός, ἡ, όν: alive, living
θνήσκω: to die
θυσίη, ἡ: an offering, sacrifice

θύω: to sacrifice
ἱερήιον, τό: a victim, animal sacrifice
ἱρόν, τό: a sacred place, temple
καλέω: to call
καταφέρω: to bring down
κτῆνος, -εος, τό: cattle
οἰκεῖος, -η, -ον: of the house, domestic
ὅμοιος, -η, -ον: like, resembling
παῖς, παῖδος, ὁ: a boy, child
παρίστημι: to place beside
πατρόθεν: from a father
πήρη, ἡ: a sack
προπύλαια, τά: an entrance, gateway
στέφω: to garland, crown
τοιόσδε, -ήδε, -όνδε: such
τρόπος, ὁ: a course, way
ὑπηγέομαι: to guide, lead, teach

τόδε ... δέκονται: "and this (office) they receive"
οἴκοι: loc. "in their family"
ὅτι ... ὑπηγέονται: "because they teach"
ἐπεὰν παραστήσῃ: ao. subj. trans. in pr. gen. temp. cl. "*after he stations* the sacrifice"
ἐπισπείσας: ao. part.of ἐπι-σπένδω "having poured a libation"
ζωὸν: "(the sacrificial animal) being still alive"
ἐλθὼν: ao. part. "once he has come (home)"
στέψαντες: ao. part. of στέπτω "having put garlands on" + acc.
ἀπιᾶσιν: pr. of ἀπο-ἵημι "*they release* them alive"
κατενεχθέντα: ao. part. pas. of κατα-φέρω "having been borne downward"
οὐκ ὁμοίως: "not similarly to" + dat.
ἐνθέμενοι: ao. mid. part. of ἐν-τίθημι "having placed into"

Lucian

χειρὶ κατάγουσιν, ἅμα δὲ αὐτέοισιν ἐπικερτομέοντες λέγουσιν ὅτι οὐ παῖδες, ἀλλὰ βόες εἰσίν.

Tattooing

[59] στίζονται δὲ πάντες, οἱ μὲν ἐς καρπούς, οἱ δὲ ἐς αὐχένας· καὶ ἀπὸ τοῦδε ἅπαντες Ἀσσύριοι στιγματηφορέουσιν.

Hair-cutting

[60] ποιέουσι δὲ καὶ ἄλλο μούνοισι Ἑλλήνων Τροιζηνίοισι ὁμολογέοντες. λέξω δὲ καὶ τὰ ἐκεῖνοι ποιέουσιν. Τροιζήνιοι τῇσι παρθένοισι καὶ τοῖσιν ἠιθέοισι νόμον ἐποιήσαντο μή μιν ἄλλως γάμον ἰέναι, πρὶν Ἱππολύτῳ κόμας

ἄλλως: otherwise
αὐχήν, -ένος, ὁ: a neck
βοῦς, βοός, ὁ: a bull, cow
γάμος, ὁ: a wedding, marriage
Ἕλλην: Greek
ἐπικερτομέω: to mock
ἠίθεος, ὁ: a youth, young man
Ἱππόλυτος, ὁ: Hippolytus
καρπός, ὁ: a wrist
κατάγω: to lead down
κόμη, ἡ: hair

μοῦνος, -η, -ον: alone, only
νόμος, ὁ: a custom, law
ὁμολογέω: to agree
παῖς, παιδός, ὁ: a boy, child
παρθένος, ἡ: a maiden, virgin
ποιέω: to make, do
πρίν: before
στιγματηφορέω: to bear tattoo-marks
στίζω: to tattoo
Τροιζήνιος, -η, -ον: of Troezen
χείρ, χειρός, ἡ: a hand

χειρὶ: dat. of means "by the hand"
ἐπικερτομέοντες: pr. part. "mocking"
στίζονται: pr. pass. "all *are tattooed*"
ἀπὸ τοῦδε: "from this (cause)"
Τροιζηνίοισι: dat. after ὁμολογέοντες "agreeing *with the Troezens* only"; for the cult mentioned here and its connection with Hippolytus, see Euripides, *Hippolytus* 1425ff.
τὰ ἐκεῖνοι ποιέουσιν: "what they (the Troezens) do"
τῇσι παρθένοισι καὶ τοῖσιν ἠιθέοισι: dat. pl. of reference "for the maids and young men"; a Homeric expression
μή ... ἰέναι: ind. com. implied after νόμον "not to enter"
πρὶν ... κείρασθαι: ao. part., "before shearing"
Ἱππολύτῳ: dat. of ref. "for Hippolytus"

On the Syrian Goddess

κείρασθαι· καὶ ὧδε ποιέουσιν. τοῦτο καὶ ἐν τῇ ἱρῇ πόλει γίγνεται. οἱ μὲν νεηνίαι τῶν γενείων ἀπάρχονται, τοῖς δὲ νέοισι πλοκάμους ἱροὺς ἐκ γενετῆς ἀπιᾶσιν, τοὺς ἐπεὰν ἐν τῷ ἱρῷ γένωνται, τάμνουσίν τε καὶ ἐς ἄγγεα καταθέντες οἱ μὲν ἀργύρεα, πολλοὶ δὲ χρύσεα ἐν τῷ νηῷ προσηλώσαντες ἀπίασιν ἐπιγράψαντες ἕκαστοι τὰ οὐνόματα. τοῦτο καὶ ἐγὼ νέος ἔτι ὢν ἐπετέλεσα, καὶ ἔτι μευ ἐν τῷ ἱρῷ καὶ ὁ πλόκαμος καὶ τὸ οὔνομα.

ἄγγος, -εος, τό: a vessel
ἀπάρχω: lead the way
ἀπέρχομαι: to go away, depart
ἀπίημι: to send forth, let down
ἀργύρεος, -η, -ον: silver, of silver
γένειον, τό: a beard
γενετή, ἡ: birth
ἕκαστος, -η, -ον: each, every
ἐπεάν: whenever (+ subj.)
ἐπιγράφω: to write on, inscribe
ἐπιτελέω: to complete, perform
ἱρόν, τό: a sacred place, temple
ἱρός, -ή, -όν: sacred, holy

κατατίθημι: to place, put
κείρω: to cut
νεηνίης, ὁ: a youth, young man
νέος, νέη, νέον: young
νηός, ὁ: the dwelling of a god, a temple
οὔνομα, -ματα, τό: a name
πλόκαμος, ὁ: a lock of hair
ποιέω: to make, do
πόλις, -ιος, ἡ: a city
προσηλόω: to nail, fix
τάμνω: to cut
χρύσεος, -η, -ον: golden, of gold
ὧδε: so, thus

ἀπάρχονται: "cut off to sacrifice" + gen.
τοῖς δὲ νέοισι: "but as for the youths" (the text is perhaps corrupt since these "youths" must also be the subject of ἀπιᾶσιν: "they let grow")
ἱροὺς ἐκ γενετῆς: "locks *sacred from birth*"
τοὺς ... τάμνουσιν: "which they cut"
ἐπεὰν ... γένωνται: ao. subj. of γίγνομαι in pr. gen. temp. cl. "whenever they are"
καταθέντες: ao. part. of κατα-τίθημι "having deposited"
οἱ μὲν ... πολλοὶ δὲ: "*some* (in) silver caskets ... *many* in gold ones"
προσηλώσαντες: ao. part. of προσ-ηλόω "having fixed to"
ἀπίασιν: pr. of ἀπο-ἔπχομαι, "they go away"
ἐπιγράψαντες: ao. part. of ἐπι-γράφω "each *having inscribed on*"
τοῦτο ... ἐπετέλεσα: ao. "this I performed"
νέος ἔτι ὤν: "I being still young"

List of Verbs

On the Syrian Goddess
List of Verbs

The following is a list of verbs that have some irregularity in their conjugation. The principal parts of the Greek verb in order are 1. Present 2. Future 3. Aorist 4. Perfect Active 5. Perfect Middle 6. Aorist Passive, 7. Future Passive. For many verbs not all forms are attested or are only poetic. Verbs are alphabetized under their main stem, followed by various compounds that occur in *De Dea Syria* with a brief definition. Where possible, Ionic forms are given rather than Attic versions (i.e. ὁρέω rather than ὁράω). A dash (-) before a form means that it occurs only or chiefly with a prefix. The list is based on the list of verbs in H. Smyth, *A Greek Grammar*.

ἀγγέλλω: to bear a message ἀγγελῶ, ἤγγειλα, ἤγγελκα, ἤγγελμαι, ἠγγέλθην

ἀγείρω: to bring together, collect ἤγειρα. aor. pass. ἠγέρθην
    συναγείρω: to gather together, assemble

ἄγω: to lead, carry ἄξω, 2 aor. ἤγαγον, ἦχα, ἦγμαι, ἤχθην
    ἀπάγω: to lead away, carry off
    κατάγω: to lead down
    παράγω: to lead by, bring beside

ἀείδω: to sing ἄσομαι, ἦσα, ἦσμαι, ἤσθην

ἀείρω: to lift, raise up ἀερῶ, ἤειρα, ἠέρθην (Ion. for αἴρω)

αἱρέω: to take αἱρήσω, 2 aor. εἷλον, ᾕρηκα, ᾕρημαι, ᾑρέθην
    ἀναιρέω: to raise, destroy
    ἀπαιρέω: to take from, take away from

αἴρω: to lift ἀρῶ, ἦρα, ἦρκα, ἦρμαι, ἤρθην

ἀκούω: to hear ἀκούσομαι, ἤκουσα, 2 perf. ἀκήκοα, ἠκούσθην

ἀλλάσσω: to change ἀλλάξω, ἤλλαξα, -ήλλαχα, ἤλλαγμαι

ἀμείβω: to change ἀμείψω, ἤμειψα

ἅπτω: to fasten, (*mid.*) to touch ἅψω, ἦψα, ἧμμαι, ἥφθην

ἁρπάζω: to snatch away ἁρπάσομαι, ἥρπασα, ἥρπακα, ἥρπασμαι, ἡρπάσθην

ἄρχω: to be first, begin ἄρξω, ἦρξα, ἦργμαι, ἤρχθην
    ἀπάρχω: lead the way
    κατάρχω: to make beginning of

βαίνω: to step βήσομαι, 2 aor. ἔβην, βέβηκα
    ἀναβαίνω: to go up
    ἀποβαίνω: to step off, result, go away, depart

Lucian

εἰσβαίνω: to go into
ἐπιβαίνω: to go upon
μεταβαίνω: to pass over, change position

βάλλω: to throw βαλῶ, 2 aor. ἔβαλον, βέβληκα, βέβλημαι, ἐβλήθην
    ἀναβάλλω: to throw up
    περιβάλλω: to throw around, embrace
    προσβάλλω: to throw forth, cast
    συμβάλλω: to throw together, conjecture

βλέπω: to look at βλέψομαι, ἔβλεψα
    περιβλέπω: to look round about

γίγνομαι: to become γενήσομαι, 2 aor. ἐγενόμην, 2 perf. γέγονα, γεγένημαι, ἐγενήθην
    ἐκγίγνομαι: to be born, (time) to go by
    ἐπιγίγνομαι: to happen after, come in after

γιγνώσκω: to know γνώσομαι, ἔγνων, ἔγνωκα, ἔγνωσμαι, ἐγνώσθην

γράφω: to write γράψω, ἔγραψα, γέγραφα, γέγραμμαι, ἐγράφην
    ἐπιγράφω: to write upon, inscribe, dedicate

δείδω: to fear δείσομαι, ἔδεισα, δέδοικα

δείκνυμι: to show δείξω, ἔδειξα (ἔδεξα), δέδειχα, δέδειγμαι, ἐδείχθην
    ἀποδείκνυμι: to appoint, proclaim
    ἐπιδείκνυμι: to show, reveal

δέκομαι: to take, accept, to receive δέξομαι, ἐδεξάμην, δέδεγμαι, -εδέχθην
    ἀποδέκομαι: to accept, receive
    ἐκδέκομαι: to receive
    καταδέκομαι: to receive, admit
    ὑποδέκομαι: to undertake

δέομαι to want, ask: δεήσομαι, δεδέημαι, ἐδεήθην. (from δέω 2)

δέω (1): to bind δήσω, ἔδησα, δέδεκα, δέδεμαι, ἐδέθην
    ἀναδέω: to tie up, crown
    συνδέω: to bind together

δέω (2): to need, lack (mid.) ask: δεήσω, ἐδέησα, δεδέηκα, δεδέημαι, ἐδεήθην

διδάσκω: to teach, (mid.) learn διδάξω, ἐδίδαξα, δεδίδαχα, δεδίδαγμαι, ἐδιδάχθην

δίδωμι: to give, grant δώσω, ἔδωκα, δέδωκα, δέδομαι, ἐδόθην
    ἐκδίδωμι: to give up, discharge

On the Syrian Goddess

δοκέω: to deem, seem δόξω, ἔδοξα, δέδογμαι

ἐγείρω: to rouse, erect ἐγερῶ, ἤγειρα, 2 perf. ἐγρήγορα, ἐγήγερμαι, ἠγέρθην
    ἀνεγείρω: to wake up, rouse

ἕζομαι: sit, -εδοῦμαι, εἰσάμην
    ἐφέζομαι: to sit upon

ἐθέλω: to wish ἐθελήσω, ἠθέλησα, ἠθέληκα

εἶδον I saw (ao.) see ὁρέω

εἰκάζω: to make like εἰκάσω, ᾔκασα, ᾔκασμαι, ᾐκάσθην

εἷλον: I took (ao.) see αἱρέω

εἰμί to be: ἔσομαι
    πάρειμι: to be present
    σύνειμι: to be together, be with

εἶμι: I will go (fut.) see ἔρχομαι

εἶπον: I said (ao.) see λέγω

εἴργω: to shut off εἴρξω, εἶρξα, εἴργμαι, εἴρχθην
    ἀπείργω: to keep away from

ἐλέγχω: refute, disgrace, expose ἐλέγξω, ἤλεγξα, ἐλήλεγμαι, ἠλέγχθην

ἕπομαι: to follow ἕψομαι, 2 aor. ἑσπόμην

ἐργάζομαι: to work, bring about ἐργάσομαι, ἠργασάμην, εἴργασμαι,
    ἠργάσθην

ἐρέω: to say, fut. of λέγω

ἔρχομαι: to come or go to: fut. εἶμι, 2 aor. ἦλθον, 2 perf. ἐλήλυθα
    ἀνέρχομαι: to go up, ascend
    ἀπέρχομαι: to go away, depart
    ἐσέρχομαι: to go in, enter
    ἐσέρχομαι: to go in, enter
    κατέρχομαι: to go down, descend

εὔχομαι: to pray εὔξομαι, ηὐξάμην, ηὔγμαι

ἔχω: to have, be able (w/ inf.) ἕξω, 2 aor. ἔσχον, ἔσχηκα, impf. εἶχον
    ἀνέχω: to hold up, suffer
    παρέχω: to furnish, provide, supply

Lucian

ἡγέομαι: to lead the way, believe, ἡγήσομαι, ἡγησάμην, ἥγημαι
    ἀπηγέομαι: to lead from, relate
    ὑπηγέομαι: to guide, lead, teach

ἦλθον: I went (ao.) see ἔρχομαι

θάπτω: to bury, honor with funeral rites θάψω, ἔθαψα, τέθαμμαι, ἐτάφην

θεάομαι: to look on, view, behold ao. ἐθεησάμην

θνήσκω: to die -θανοῦμαι, 2 aor. -ἔθανον, τέθνηκα am dead
    ἀποθνήσκω: to die

ἰάομαι: to heal, cure ἰήσομαι, ἰησάμην

ἵζω: to seat, found, establish, ao. εἷσα, pf. ἵζηκα
    κατίζω: to make to sit, seat

ἵημι: to let go, relax, to send forth ἥσω, ἧκα, εἷκα, εἷμαι, εἵθην
    ἀνίημι: to let go, relax
    ἀπίημι: to send forth, throw
    ἐνίημι: to send in, introduce
    κατίημι: to place down
    μετίημι: to let go

ἱκνέομαι: to come, arrive, -ίξομαι, 2 aor. -ικόμην, -ῖγμαι
    ἀπικνέομαι: to come to, arrive
    ἐπικνέομαι: to come upon

ἱλάσκομαι: to appease ἱλάσομαι, ἱλασάμην, ἱλάσθην

ἵστημι: to make to stand, set στήσω shall set, ἔστησα set, caused to stand, 2 aor. ἔστην stood, 1 perf. ἔστηκα stand, ἐστάθην
    ἀνίστημι: to make to stand up, raise up
    ἐφίστημι: to set or place upon
    παρίστημι: to place beside or near
    ὑφίστημι: to place or set under

καλέω: to call καλέω, ἐκάλεσα, κέκληκα, κέκλημαι am called
    ἀνακαλέω: to call up, call out for
    ἐγκαλέω: to call in, accuse
    ἐπικαλέω: to call upon, claim, charge
    μετακαλέω: to call away

καθαίρω: to purify, cleanse καθαρῶ, ἐκάθηρα, κεκάθαρμαι, ἐκαθάρθην

κείρω: to cut κερῶ, ἔκειρα

κελεύω: to bid, command, order κελεύσω, ἐκέλευσα, κεκέλευκα, κεκέλευσμαι, ἐκελεύσθην

On the Syrian Goddess

κλαίω: to weep, lament κλαιήσω, ἔκλαυσα
    ἀποκλαίω: to weep aloud

κλείω: to shut κλείσω, ἔκλεισα, -κέκληκα, κέκλειμαι, ἐκλείσθην

κλήζω: to name, call κλήσω, ἔκλησα

κομίζω: to take care of, carry κομιῶ, ἐκόμισα, κεκόμικα, κεκόμισμαι,
    ἐκομίσθην

κόπτω: to strike κόψω, ἔκοψα, -κέκοφα, κέκομμαι, -εκόπην
    ἐκκόπτω: to cut down

κρίνω: to decide κρινῶ, ἔκρινα, κέκρικα, κέκριμαι, ἐκρίθην
    ἀποκρίνω: to separate, set apart; answer

κρύπτω: to hide from κρύψω, ἔκρυψα, κέκρυμμαι, ἐκρύφθην

λαμβάνω: to take, receive λήψομαι, ἔλαβον, εἴληφα, εἴλημμαι, ἐλήφθην
    ἀναλαμβάνω: to take up, take into one's hands
    καταλαμβάνω: to seize upon, lay hold of

λάμπω: to shine λάμψω, ἔλαμψα, λέλαμπα, -λέλησμαι
    ἀπολάμπω: to shine, glitter

λανθάνω: to escape notice λήσω, ἔλαθον, λέληθα

λέγω: to speak ἐρέω, εἶπον, εἴρηκα, λέλεγμαι, ἐλέχθην
    καταλέγω: to recount

λείπω: to leave, quit λείψω, ἔλιπον, λέλοιπα, λέλειμμαι, ἐλείφθην
    ἀπολείπω: to leave behind

μαίνομαι: to rage μανοῦμαι 2 aor. pass. ἐμάνην
    ἐπιμαίνομαι: to be mad about

μανθάνω: to learn μαθήσομαι, ἔμαθον, μεμάθηκα

μαραίνω: to waste, wither ἐμάρανα, ἐμαράνθην

μεθύσκω: to make drunk ἐμέθυσα, ἐμεθύσθην

μένω: to stay μενῶ, ἔμεινα, μεμένηκα

μιμνήσκομαι: to remember μνήσω, -έμνησα, perf. μέμνημαι, ἐμνήσθην
    ἐπιμιμνήσκομαι: to remember, think of

μίμνω: to stay (poetic for μένω)

Lucian

νομίζω: to believe, practice *νομιῶ, ἐνόμισα, νενόμικα, νενόμισμαι, ἐνομίσθην*

οἶδα: to know (ao.); see **ὁρέω**

ὄλλυμι: to destroy *ολῶ, -ώλεσα, -ολώλεκα, -όλωλα*
    ἀπόλλυμι: to destroy, kill

ὀπ-: to see (fut.) *ὄψομαι*, (perf.) *ὄπωπα*, (ao. pass.) *ὤφθην*. See **ὁρέω**.

ὁρέω: to see *ὄψομαι*, 2 aor. *εἶδον, ὄπωπα, ὤφθην*
    εἰσορέω: to look upon, view

πάσχω: to experience *πείσομαι*, 2 aor. *ἔπαθον*, 2 perf. *πέπονθα*

πείθω: persuade *πείσω, ἔπεισα*, 2 perf. *πέποιθα, πέπεισμαι, ἐπείσθην*

πέμπω: to **send**, dispatch *πέμψω, ἔπεμψα*, 2 perf. *πέπομφα, πέπεμμαι, ἐπέμφθην*
    ἀποπέμπω: to send away, to dismiss
    ἐκπέμπω: to send out, dispatch

πετάννυμι: expand *-πετῶ, -επέτασα, -πέπταμαι*
    ἀναπετάννυμι: to spread out

πίπτω: to fall *πεσοῦμαι*, 2 aor. *ἔπεσον, πέπτωκα*
    εἰσπίπτω: to fall into

πρήσσω: to make, do *πράξω, ἔπραξα*, 2 perf. *πέπραχα, πέπραγμαι, ἐπράχθην*

πυνθάνομαι: to learn *πεύσομαι*, 2 aor. *ἐπυθόμην, πέπυσμαι*

ριπτω: to throw *ρίψω, ἔρριψα*, 2 perf. *ἔρριφα, ἔρριμμαι, ἐρρίφην*
    ἀπορρίπτω: to throw away

σάττω: to load, fill *ἔσαξα, σέσαγμαι*

σπένδω: to pour a drink-offering *σπείσω, ἔσπεισα, ἔσπεισμαι*
    ἐπισπένδω: to pour a libation

στέλλω: to send, arrange *στελῶ, ἔστειλα, -ἔσταλκα, ἔσταλμαι*, 2 aor. pass. *ἐστάλην*
    ἀποστέλλω: to send off

στέφω: to wreathe, garland *στέψω, ἔστεψα, ἔστεμμαι, ἐστέφην*

τάμνω: to cut 2 aor. *ἔτεμον* and *ἔταμον*

τελέω: to complete, perform *τελῶ, ἐτέλεσα, τετέλεκα, τετέλεσμαι, ἐτελέσθην*
    ἀποτελέω: to complete, accomplish

On the Syrian Goddess

  ἐκτελέω: to complete, accomplish, achieve
  ἐπιτελέω: to complete, accomplish, perform

τέλλω: to accomplish ἔτειλα
  ἐντέλλομαι: command: ἐν-ετειλάμην, ἐν-τέταλμαι

τέμνω: to cut 2 aor. ἔτεμον and ἔταμον

τίθημι: to set, place θήσω, ἔθηκα, τέθηκα, τέθειμαι (but usu. instead κεῖμαι), ἐτέθην
  ἀνατίθημι: to set up, dedicate
  ἀποτίθημι: to put away, remove
  ἐντίθημι: to put in
  κατατίθημι: to place, put
  παρατίθημι: to put away, deposit

τλάω: to bear, suffer, undergo 2 aor. ἔτλην

τρέπω: to turn τρέψω, ἔτρεψα, τέτροφα, ἐτράπην

τυγχάνω: to hit upon, happen τεύξομαι, ἔτυχον, τετύχηκα. τέτυγμαι, ἐτύχθην
  ἀποτυγχάνω: to fail, mistake

τύπτω: to beat, strike ao. ἔτυψα
  ἀποτύπτω: to cease beating

ὑπισχνέομαι: to undertake, promise 2 aor. ὑπ-εσχόμην

φαίνω: to bring to light, show φανέω, ἔφηνα, πέφηνα, πέφασμαι, ἐφάνην
  ἐκφαίνω: to show, reveal

φείδομαι: to spare φείσομαι, ἐφεισάμην

φέρω: to bear, carry οἴσω, 1 aor. ἤνεγκα, 2 aor. ἤνεγκον, 2 perf. ἐνήνοχα, ἠνέχθην
  ἀποφέρω: to return, (mid.) to take back
  ἐπιφέρω: to bring upon
  καταφέρω: to bring down, destroy
  περιφέρω: to carry round
  προφέρω: to bring before
  συμφέρω: to bring together, gather

φημί: to say φήσω, ἔφησα

φυλάσσω: to **keep** watch, guard φυλάξω, ἐφύλαξα, πεφύλαχα, πεφύλαγμαι, ἐφυλάχθην

χράομαι: to use; DDS has present forms in χρεο- and χρεω-

Glossary

Glossary

A α

ἀγαθός, -ή, -όν: good
ἄγαλμα, -ατος, τό: a glory, honor; a statue
ἀγγελίη, ἡ: a message, news
ἀγγέλλω: to report
ἀγγήιον, τό: a vessel
ἄγγος, -εος, τό: a vessel
ἀγείρω: to bring together, collect
ἀγινέω: to lead, bring, carry
ἅγιος, -η, -ον: devoted to the gods, sacred, holy
ἀγνοέω: not to know
ἀγνοίη, ἡ: ignorance, mistake
ἀγνός, -ή, -όν: ignorant, unknowing
ἀγορή, ἡ: the marketplace
ἀγρυπνίη, ἡ: sleeplessness, waking
ἀγχίθεος, -ον: near the gods
ἀγχόθεν: from nearby
ἄγω: to lead, bring, carry
ἀδελφή, ἡ: a sister
ἀδικέω: to do wrong, be unjust
ἀδικία, ἡ: wrongdoing, injustice
ἀεί: always, forever
ἀείδω: to sing, praise with song
ἀεικέλιος, -η, -ον: unseemly, shameful
ἀεικής, -ές: unseemly, shameful
ἀείρω: to lift, raise up
ἀεκούσιος, -η, -ον: involuntary
ἀέκων, -ουσα, -ον: unwilling
ἀετός, -οῦ, ὁ: an eagle
ἀθέμιστος, -ον: lawless, without law
ἀθυμέω: to be disheartened
αἰδέομαι: to be ashamed (to)
αἰδοῖα, τά: genitals
αἷμα, -ατος, τό: blood
αἱμάσσω: to bloody, stain with blood
αἱμώδης, -ες: bloody, blood red
αἴξ, αἰγός, ὁ: a goat
αἱρέω: to take up, take hold of, grasp
αἴρω: to take up, lift up

αἰσχρός, -ή, -όν: shameful, abusive
αἰτέω: to ask, beg
αἰτίη, ἡ: a cause, reason, accusation
ἀκολασίη, ἡ: licentiousness
ἀκολουθέω: to follow
ἀκούω: to hear
ἄκρος, -η, -ον: furthest, highest
ἀκτίς, -ῖνος, ἡ: a ray, beam
ἀλγέω: to feel pain, suffer
ἄλγος, -εος, τό: pain
ἀλεκτρυών, -όνος, ὁ: a cock, rooster
ἀληθής, -ές: true, genuine
ἀλλά: but
ἀλλάσσω: to change, alter
ἀλλήλων: one another
ἄλλοθι: elsewhere, in another place
ἄλλος, -η, -ον: another, other
ἄλλος, -η, -ον: another, other
ἄλλως: in another way, otherwise
ἀλογέω: to pay no regard, deny
ἅλς, ἁλός, ἡ: the sea
ἅμα: at the same time, together with (+ dat.)
ἀμβρόσιος, -η, -ον: immortal, divine
ἀμείβω: to change, exchange, answer
ἀμηχανάω: to be at a loss, be helpless
ἀμφί: on both sides
ἀμφότερος, -η, -ον: each, both
ἀμφοτέρωθεν: from both sides
ἄμφω: both
ἄν: (indefinite particle; generalizes dependent clauses with subjunctive; indicates contrary-to-fact with independent clauses in the indicative; potentiality with the optative)
ἀνά: up, upon (+ acc.)
ἀναβαίνω: to go up, mount
ἀναβάλλω: to throw up
ἀναβοάω: to shout aloud, cry out
ἀνάγκη, ἡ: force, necessity
ἀναδέω: to tie up, crown
ἀνάθημα, -ατος, τό: a votive offering
ἀναίνομαι: to reject, spurn
ἀναιρέω: to take up, raise, destroy

Glossary

ἀνακαλέω: to call up, call out for
ἀνάκειμαι: to be laid up, be ascribed, be devoted
ἀναλαμβάνω: to take up
ἀναπάλλω: to dance, beat
ἀναπετάννυμι: to spread out
ἀνατίθημι: to set up, dedicate
ἀναφανδόν: visibly, openly
ἀναχωρέω: to go back, withdraw
ἀνδάνω: to please
ἀνδρεῖος, -η, -ον: of a man, manly
ἀνδρηίη, ἡ: manliness, manhood
ἀνδρήιος, -η, -ον: of a man, manly
ἀνεγείρω: to wake up, rouse
ἀνέλκω: to draw up, pull up
ἄνεμος, ὁ: wind
ἀνέρχομαι: to go up, ascend, rise
ἄνευ: without
ἀνέχω: to hold up, suffer
ἀνήρ, ἀνδρός, ὁ: a man, husband
ἄνθρωπος, ὁ: a man
ἀνίστημι: to make to stand up, set up
ἄνοδος, ἡ: a way up, ascent
ἀνόσιος, -ον: unholy, profane
ἀντάξιος, -η, -ον: worth just as much as
ἀντιάζω: to meet face to face
ἀντίος, -ία, -ίον: against, opposite
ἀνύω: to achieve, accomplish, complete
ἄνω: upwards
ἄξιος, -ίη, -ον: worthy
ἀξόανος, -ον: without images
ἀπάγω: to lead away, carry off
ἀπαιρέω: to take from, take away from
ἅπαξ: once
ἀπαρτάω: to hang up from
ἀπάρχω: lead the way
ἅπας, ἅπασα, ἅπαν: all, every, whole
ἀπειθέω: to be disobedient, refuse
ἀπειλέω: to threaten
ἀπείργω: to keep away
ἀπέρχομαι: to go away, depart
ἀπηγέομαι: to lead from, relate, narrate
ἀπηνής, -ές: harsh, rough, hard
ἀπίημι: to send forth, let down, throw

ἀπίθανος, -ον: incredible, unlikely, improbable
ἀπικνέομαι: to come to, arrive
ἄπλετος, -ον: boundless, immense
ἁπλόος, -η, -ον: simple
ἀπό: from, away from (+ *gen.*)
ἀποβαίνω: to step off, result
ἀποδείκνυμι: to appoint, proclaim
ἀποδέκομαι: to accept, approve, make known
ἀποδημέω: to be away from home, travel
ἀποδημίη, ἡ: a being away, expedition
ἀπόζω: to smell of
ἀποθνήσκω: to die
ἀπόκειμαι: to be laid away
ἀποκλάω: to break off
ἀποκρίνω: to separate, set apart, render
ἀπολάμπω: to shine, glitter
ἀπολείπω: to leave behind
ἀπόλλυμι: to destroy, kill
ἀπολογίη, ἡ: a defense
ἀπονοστέω: to return, come home
ἀποπαύω: to stop, cause to cease from
ἀποπέμπω: to send away, to dismiss
ἀπορρίπτω: to throw away
ἀποστέλλω: to send off
ἀποτείνω: to stretch out, extend
ἀποτελέω: to complete, accomplish
ἀποτίθημι: to put away, remove
ἀποτυγχάνω: to fail, mistake
ἀποτύπτω: to cease beating
ἀποτυχίη, ἡ: failure
ἀποφέρω: to return; (*mid.*) to take back
ἄπρηκτος, ον: unavailing, unprofitable
ἅπτω: to fasten, (*mid.*) to touch
ἀργύρεος, -η, -ον: silver, of silver
ἄργυρος, ὁ: silver
ἀρετή, ἡ: virtue, excellence
ἀριθμός, ὁ: number
ἀριστερός, -ή, -όν: left, on the left
ἀρκέω: to be enough, suffice
ἄρκτος, ἡ: a bear
ἄρνυμαι: to receive, gain, earn

Glossary

ἁρπάζω: to snatch away, carry off
ἀρρωστέω: to be sick
ἄρσην, -ενος: male
ἀρχαῖος, -η, -ον: ancient, original
ἀρχή, ἡ: a beginning, origin
ἀρχιερεύς, -εως, ὁ: a chief priest
ἄρχω: to begin
ἀσεβέω: to be impious, profane
ἀσθενέω: to grow weak, be faint
ἀσθενής, -ές: weak, feeble
ἀσκέω: to form by art, fashion
ᾆσμα, -ατος, τό: a song
ἀσοφίη, ἡ: stupidity
ἀσφαλές, -εος, τό: security, safety
ἀσφαλής, -ές: steadfast, firm, safe
ἀτελής, -ές: incomplete, imperfect, without end, unfinished
ἄτρακτος, ἡ: a spindle
ἀτρεκής, -ές: real, genuine
ἀτυχής, -ές: luckless, unfortunate
αὐλέω: to play the flute
αὐλή, ἡ: a courtyard
αὐλητής, -οῦ, ὁ: a flute-player
αὐλίζομαι: to lie (in the court-yard), live
αὐτίκα: straightway, at once
αὖτις: back, again
αὐτόθι: on the spot
αὐτός, -ή, -ό: he, she, it; self, same
αὐτουργέω: to act directly, do one's own work
αὐτοψίη, ἡ: a seeing with one's own eyes
αὐχήν, -ένος, ὁ: a neck
ἀφανής, -ές: unseen, invisible
ἄφετος, -ον: let loose, ranging, roaming
ἀφίημι: to send forth, let go
ἄφνω: suddenly

Β β

βάθος, τό: depth
βάλλω: to throw
βάρβαρος, -ον: barbaric, barbarous
βασιλεύς, -έως, ὁ: a king, chief
βασιληίη, ἡ: a kingdom, dominion
βασιλήιος, -η, -ον: kingly, royal
βέλτερος, -η, -ον: better, more excellent
βιάω: to force
βίος, ὁ: life
βλέμμα, -ατος, τό: a look, glance
βοή, ἡ: a loud cry, shout
βορέης: north
βοῦς, βοός, ὁ: a bull, ox
βωμός, ὁ: an altar

Γ γ

γαμετή, ἡ: a wife
γάμος, ὁ: a wedding, marriage
γάρ: for
γε: especially (*postpositive*)
γενεή, ἡ: a race, family
γενειήτης, -ου: bearded
γένειον, τό: a beard
γένεσις, -ιος, ἡ: an origin, source
γενετή, ἡ: birth
γένος, -εος, τό: a race, family
γῆ, ἡ: earth
γίγνομαι: to become, happen, occur
γιγνώσκω: to (come to) know
γόνυ, γούνατος, τό: a knee
γράφω: to write
γυναικηῖος, -η, -ον: of a woman, feminine
γυνή, γυναικὸς, ἡ: a woman, wife

Δ δ

δαίμων, -ονος, ὁ: a spirit, fortune
δάκρυον, τό: a tear
δακρύω: to weep
δάω: to learn
δέ: and, but, on the other hand (*preceded by μέν*)

Glossary

δείδω: to fear
δείκνυμι: to display, exhibit
δείλαιος, -η, -ον: wretched, sorry
δεινοπαθέω: to complain loudly of sufferings
δεῖπνον, τό: dinner
δέκομαι: to take, accept, receive
δένδρεον, τό: a tree
δεξιά, ἡ: the right hand
δεξιός, -ή, -όν: right, on the right
δέομαι: to ask, beg
δέρκομαι: to see clearly
δεσμός, ὁ: a band, bond
δεσπότης, -ου, ὁ: a master, lord
Δευκαλίων, ὁ: Deucalion
δεύτερος, -η, -ον: second
δέω (1): to bind
δέω (2): to lack, need
δή: certainly, now (postpositive)
δῆτα: certainly, indeed
διά: through (+ gen.); with, by means of (+ acc.)
δίαιτα, ἡ: a way of living
διαιτῶμαι: to lead a life, live
διακόσιοι, -αι, -α: two hundred
διδάσκαλος, ὁ: a teacher, master
διδάσκω: to teach
δίδωμι: to give, grant
διεργάζομαι: to make an end of, kill
δίζημαι: to seek out, look for
δικαιόω: to think right, condone
διόθεν: sent from Zeus
δίς: twice, doubly
δοιοί, -αί, -ά: two, double
δοκέω: to deem, suppose; to seem
δύναμαι: to be able
δύο: two
δωρεή, ἡ: a gift, present
δῶρον, τό: a gift, present

E ε

εἰ: if
ἐάν: = εἰ + ἄν
ἔαρ, εἴαρος, τό: spring
ἐγείρω: to raise, erect, awaken
ἐγκαλέω: to call in, accuse
ἐγώ, μου: I, my
ἕδος, -εος, τό: a sitting-place, foundation
ἕδρη, ἡ: a seat, sitting place, foundation
ἕζομαι: to sit
ἐθέλω: to wish
ἔθος, -εος, τό: custom, habit
ἔθω: to be accustomed
εἶδος, -εος, τό: a form, shape, figure, appearance
εἰκάζω: to make like, portray
εἴκελος, -η, -ον: like, equal to (+ dat.)
εἷμα, -ατος, τό: a garment, clothing
εἰμί: to be
εἶμι: to go (fut.)
εἵνεκα: on account of, for the sake of (+ gen.)
εἶπον: to say (ao.)
εἰς, ἐς: into, to (+ acc.)
εἷς, μία, ἕν: one
εἰσαγγελεύς, -έως, ὁ: one who announces
εἰσβαίνω: to go into
εἰσβιβάζω: to put on board
εἰσέρχομαι: to go in, enter
εἰσοράω: to look upon, view
εἰσπίπτω: to fall into
εἴτε...εἴτε: either...or
ἐκ, ἐξ: from, out of, after (+ gen.)
ἑκάς: far, far off
ἕκαστος, -η, -ον: each, every
ἑκατόν: a hundred
ἐκγίγνομαι: to be born, (time) to go by
ἐκδέκομαι: to receive
ἐκδίδωμι: to give up, discharge

Glossary

ἐκεῖνος, -η, -ο: that
ἐκκόπτω: to cut down
ἐκπέμπω: to send out, dispatch
ἐκτελέω: to bring to an end, accomplish, achieve
ἐκτός: outside
ἔκτοσθεν: outside
ἐκφαίνω: to show, reveal
ἐκχέω: to pour out
ἐλέγχω: to disgrace, shame, expose
ἐλέφας, -αντος, ὁ: an elephant
ἔλπω: to make to hope
ἐμός, -ή, -όν: my, mine
ἐμφανής, -ές: manifest, apparent, visible
ἐν: in, at, among (+ *dat.*)
ἐναγής, -ές: cursed, polluted
ἐναργής, -ές: visible, palpable, in bodily shape
ἔνδοθεν: from within
ἐνδύω: to go into, put on (clothes)
ἔνθα: there
ἔνθεν: thereupon
ἔνθεος, -ον: inspired, divine
ἐνίημι: to send in, introduce
ἔνιοι, -αι, -α: some
ἔννοια, ἡ: a conception, notion
ἐντελής, -ές: complete, full
ἐντέλλω: to enjoin, command
ἐντεῦθεν: thence, from there
ἐντίθημι: to put in
ἐντός: within, inside (+ *gen.*)
ἐξαπατάω: to deceive
ἔξω: out, outside
ἐπαινέω: to approve, commend
ἐπαίω: to listen, attend
ἐπαυλέω: to play the flute
ἐπεάν: whenever (+ *subj.*)
ἔπειτα: thereupon, then
ἐπερέομαι: to question
ἐπί: at (+ *gen.*); on, upon (+ *dat.*); on to, against (+ *acc.*)
ἐπιβαίνω: to go upon
ἐπιγίγνομαι: to happen after, come in after
ἐπίγραμμα, -ατος, τό: an inscription
ἐπιγράφω: to mark, write upon, inscribe
ἐπιδείκνυμι: to point out, show, reveal
ἐπιθυμέω: to desire
ἐπικαλέω: to call upon, invoke
ἐπίκειμαι: to be laid upon, be placed
ἐπικερτομέω: to mock
ἐπικνέομαι: to come upon, arrive
ἐπικρατέω: to rule, command
ἐπικροτέω: to rattle, clash
ἐπιμαίνομαι: to be mad about
ἐπιμανής, -ές: mad, raving
ἐπιμιμνήσκομαι: to remember, think of
ἐπινοέω: to think of, contrive
ἐπινοίη, ἡ: though, attention
ἐπισπένδω: to pour a libation
ἐπιτελέω: to accomplish, complete, perform
ἐπιφέρω: to bring upon
ἐπιχειρέω: to attempt, enact
ἕπομαι: to follow
ἐποχέομαι: to be carried upon, ride upon
ἑπτά: seven
ἐπωνυμίη, ἡ: a name, title
ἐπώνυμος, -ον: named
ἔραμαι: to love
ἐργάζομαι: to work, bring about
ἐργασίη, ἡ: work, workmanship
ἔργον, τό: a deed, work
ἔρχομαι: to go, come
ἔρως, -ωτος, ὁ: love
ἐσέρχομαι: to go in, enter
ἐσθής, -ῆτος, ἡ: dress, clothing
ἐσθλός, -ή, -όν: good
ἔστε: while, until
ἑταῖρος, ὁ: a companion
ἑτέρωθεν: from the other side
ἔτι: still
ἔτος, -εος, τό: a year
εὐβουλία, ἡ: good counsel, prudence

Glossary

εὐδαιμονίη, ἡ: good fortune, happiness
εὕδω: to sleep
εὐεργεσίη, ἡ: well-doing, good work
εὐνάζω: to put to bed
εὐνή, ἡ: a bed
εὐνοέω: to be well-inclined
εὐνοίη, ἡ: good-will, kindness
εὐπρεπής, -ές: decent, suitable, specious, plausible
εὐσεβής, -ές: righteous, pious
εὖτε: when
εὐτυχής, -ές: lucky, fortunate, prosperous
εὐχή, ἡ: a prayer
εὔχομαι: to pray
εὐχωλή, ἡ: a prayer, vow
εὐωχέω: to feast sumptuously
ἐφέζομαι: to sit upon
ἐφίστημι: to set or place upon
ἔχω: to have; to be able (+ *inf.*)

Ζ ζ

ζεῦγος, -εος, τό: a yoke, pair
ζηλοτυπέω: to be jealous
ζηλοτυπίη, ἡ: jealousy, rivalry
ζημίη, ἡ: a damage, penalty
ζῷον, τό: a living being, animal
ζωός, ή, όν: alive, living
ζώω: to live

Η η

ἤ: or; than
ἡγέομαι: to believe, hold
ἡέλιος, ὁ: the sun
ἠήρ, ἠέρος, ὁ: the air
ἠίθεος, ὁ: a youth, young man
ἡλικίη, ἡ: stature
ἥλιος, ὁ: the sun
ἡμέρη, ἡ: a day
ἡμέτερος, -η, -ον: our
ἥμισυς, -ειη, -υ: half

ἡνιοχέω: to drive a chariot, hold reins
ἠρεμίη, ἡ: rest, quietude
ἥρως, ὁ: a warrior, hero
ἡσυχίη, ἡ: stillness, silence, rest

Θ θ

θάλαμος, ὁ: an inner room
θάλασσα, ἡ: a sea
θάνατος, ὁ: death
θάπτω: to bury, honor with funeral rites
θαρσέω: to take courage
θαυμάζω: to wonder, marvel
θαυμαστός, -ή, -όν: wonderful, marvelous
θεάομαι: to look on, view, behold
θεή, ἡ: a goddess
θέη, ἡ: a seeing, looking at, view
θέημα, -ατος, τό: a sight, show, spectacle
θεῖος, -η, -ον: divine, supernatural
θεόθεν: from the gods
θεοπρεπής, -ές: meet for a god, marvelous
θεός, ὁ: a god
θεραπείη, ἡ: a waiting on, service
θέσις, -ιος, ἡ: a setting, placement
θέσφατος, -ον: spoken by a god
θέω: to run
θηλύνω: to make womanish, emasculate
θῆλυς, θήλεα, θῆλυ: female
θνήσκω: to die
θνητός, -ή, -όν: mortal
θρηνέω: to wail
θρόνος, ὁ: a seat, throne
θυγάτηρ, -ερος, ἡ: a daughter
θυμός, ὁ: a spirit, desire
θύρη, ἡ: a door
θυσίη, ἡ: an offering, sacrifice
θύω: to sacrifice
θύωμα, -ατος, τό: incense
θωῦμα, -ατος, τό: a wonder, marvel

Glossary

Ι ι

ἰάομαι: to heal, cure
ἰδέη, ἡ: a form
ἴδιος, -η, -ον: one's own, private, proper (name)
ἰδρόω: to sweat, perspire
ἰδρύω: to seat, situate
ἱερεύς, ὁ: a priest
ἱερεύω: to slaughter
ἱερήιον, τό: a victim, animal sacrifice
ἱζάνω: to make to sit
ἵζω: to place, establish, found
ἰητρική, ἡ: medicine
ἰητρός, ὁ: a physician
ἱκεσίη, ἡ: the prayer of a suppliant
ἱκέσιος, -η, -ον: suppliant
ἱκέτης, -ου, ὁ: a suppliant, fugitive
ἱκνέομαι: to come
ἱλάσκομαι: to appease
Ἰνδός, -ή, -όν: Indian
Ἱππόλυτος, ὁ: Hippolytus
ἵππος, ὁ: a horse
ἱρά, -ῶν, τά: sacred rites, sacrifices
ἱρεύς, ὁ: a priest
ἱρήιον, τό: a victim, sacrificial animal
ἱρολογέω: to speak of sacred matters
ἱρόν, τό: a sacred place, temple
ἱρός, -ή, -όν: sacred, holy
ἴσος, -η, -ον: equal to, the same as
ἰσοχρονέω: to be as old as, rival in age
ἵστημι: to make to stand, set up
ἱστορέω: to inquire into, seek
ἱστορίη, ἡ: an inquiry, history
ἰχθύς, -ύος, ὁ: a fish

Κ κ

καθαίρω: to purify, cleanse
κάθημαι: to sit
καθίζω: to make to sit, seat
καί: and, also, even
καινουργέω: to begin something new
καίω: to light, kindle
καλέω: to call
καλιή, ἡ: a nest
καλός, -ή, -όν: beautiful
καρδίη, ἡ: a heart
καρπός, ὁ: a wrist
κάρτα: very, extremely, much
κατά: down (+ acc.)
καταβαίνω: to come down
κατάβασις, -εως, ἡ: a going down, descent
καταγίζω: to dedicate, offer
κατάγω: to lead down
καταδέκομαι: to receive, admit
καταλαμβάνω: to seize upon, lay hold of
καταλέγω: to lay down
κατάρχω: to beginning sacrifices
κατατίθημι: to place, put
καταφέρω: to bring down, destroy
κατέρχομαι: to go down, descend
κατηγορέω: to accuse, charge, speak against
κατίημι: to place down
κάτω: down, below
κεῖμαι: to be laid
κειμήλιον, τό: a treasure, heirloom
κείρω: to cut
κελεύω: to bid, command, order
κέρας, τό: a horn, tusk
κεστός, -ή, -όν: stitched, embroidered
κεφαλή, ἡ: a head
κηρός, ὁ: beeswax
Κίλιξ, -ικος, ὁ: a Cilician
κινέω: to move
κλαίω: to weep, lament, wail
κλήζω (1): to name, call
κλήζω (2): to shut
κοινωνίη, ἡ: communion, fellowship, share
κοῖος, -η, -ον: of what nature? of what sort?
κόμη, ἡ: hair
κομιδή, ἡ: attendance, care
κομίζω: to take care of, carry

Glossary

κορυφή, ἡ: the head, top
κοσμέω: to order, arrange, adorn
κόσμος, ὁ: adornment
κότε: when? at what time?
κρεουργέω: to cut up, butcher
κρόταλον, τό: a rattle, castanet
κροτέω: to make to rattle
κρύπτω: to hide, cover
κτῆνος, -εος, τό: cattle

Λ λ

λάθρη: secretly
λαμβάνω: to take
λαμβάνω: to take, receive
λαμπάς, -άδος, ἡ: a lamp, torch
λανθάνω: to escape notice
λάρναξ, -ακος, ἡ: an ark
λέγος, -η, -ον: lewd
λέγω: to speak, say, tell
λείπω: to leave, quit
λευκός, -ή, -όν: bright, white, light
λέων, -οντος, ὁ: a lion
λίθος, ὁ: a stone
λίμνη, ἡ: a pool, lake
λιπαρέω: to persist, hold out
λίσσομαι: to beg, pray, beseech
λόγος, ὁ: a word, account, speech
λοιπός, -ή, -όν: remaining, the rest
λουτρόν, τό: a bath
λόφος, ὁ: a hill
λυπέω: to pain, distress, grieve
λύχνος, ὁ: a lamp
λύω: to loose, open

Μ μ

μακρός, -ή, -όν: long
μανθάνω: to learn
μανίη, ἡ: madness, frenzy
μαντήιον, τό: an oracle
μαντήιος, -η, -ον: oracular, prophetic
μαραίνω: to waste, wither

μέγαθος, -εος, τό: greatness, magnitude, size
μεγάλως: greatly
μέγας, μεγάλη, μέγα: big, great
μέγας, μεγάλη, μέγα: large, great
μέθη, ἡ: strong drink, drunkenness
μεθύσκω: to make drunk, intoxicate
μείζων, -ον: larger
μέλι, -ιτος, τό: honey
μέλλω: to be about to, be going to
μέλω: to be a care
μέν: on the one hand (followed by δέ)
μένω: to stay, remain
μέσος, -η, -ον: middle, in the middle
μετά: with (+ gen.); after (+ acc.)
μεταβαίνω: to pass over, change position
μετακαλέω: to call away
μεταξύ: between
μεταπηδέω: to jump about
μετίημι: to let go
μή: not; lest; don't (+ ao. subj. or imper.)
μηδαμός, -ή, -όν: none
μηκέτι: no more, no longer, no further
μηρός, ὁ: the thigh
μήτε: and not, neither
μήτηρ, μητερος, ἡ: a mother
μητρυιή, -ῆς, ἡ: a stepmother
μικρός, -ή, -όν: small, little
μιλτώδης, -ες: red, reddish
μιμέομαι: to imitate, represent
μίμησις, -εως, ἡ: an imitation
μιμνήσκω: to remind
μίμνω: to stay
μισθός, ὁ: wages, pay
μνέες, αἱ: minae
μνῆμα, -ατος, τό: a memorial, remembrance
μνήμη, ἡ: a remembrance, memory
μοιχείη, ἡ: adultery
μοιχός, ὁ: an adulterer
μορφή, ἡ: a form, shape
μοῦνος, -η, -ον: alone, only
μυθέομαι: to speak, tell

Glossary

μυθολογέω: to tell tales or legends
μῦθος, ὁ: a story, tale
μυθώδης, -ες: legendary, fabulous
μυρίος, -ον: numberless, countless

Ν ν

ναί: yes, truly
νάκος, τό: fleece
ναυτιλίη, ἡ: sailing, seamanship
νεηνίης, -ου, ὁ: a youth
νεηνίσκος, ὁ: a youth, young man
νέκυς, -υος, ὁ: a dead body, corpse
νέμομαι: to graze, feed, dwell
νέος, νέη, νέον: young, youthful
νευρόσπαστον, τό: a puppet
νηός, ὁ: a shrine, a temple
νήχω: to swim
νομίζω: to believe, practice, think
νόμισμα, -ατος, τό: a coin, currency
νόμος, ὁ: a law, custom
νόος, ὁ: a mind
νοσέω: to be sick
νοῦσος, ἡ: a sickness, disease, illness
νῦν: now, at this moment
νύξ, νυκτός, ἡ: night
νῶτον, τό: the back

Ξ ξ

ξανθόγεως: of yellow earth
ξεινοδόκος, ὁ: one who receives strangers, a host
ξεῖνος, -η, -ον: foreign, strange
ξεῖνος, ὁ: a foreigner, stranger
ξενοδόκος, ὁ: one who receives strangers, a host
ξίφος, -εος, τό: a sword
ξόανον, τό: a carved image, statue
ξοανουργία: a carving of images, statue-making
ξύλινος, -η, -ον: of wood, wooden
ξύλον, τό: wood

ξύμπας, -πασα, -παν: all together, all at once
ξυνάπας, -ασα, -αν: all together
ξύρω: to shave

Ο ο

ὁ, ἡ, τό: the (*definite article*); who, which (*relative pronoun*)
ὅδε: this
ὀδμή, ἡ: a smell, scent, odor
ὁδοιπορέω: to travel, walk
ὁδοιπορίη, ἡ: a journey, way
ὁδός, ἡ: a way, path, journey
ὀδύρομαι: to lament, bewail
οἶδα: to know
οἰκεῖος, -η, -ον: of the house, household, related
οἰκέω: to inhabit, occupy
οἰκίη, ἡ: a building, house, dwelling
οἰκιστής, -οῦ, ὁ: a founder
οἰκοδομέω: to build
οἴκοι: at home
οἶκος, ὁ: a house
οἶνος, ὁ: wine
οἰνώδης, -ες: wine-colored
ὄϊς, ὄϊος, ὁ: a sheep
ὁκοῖος, -η, -ον: of what sort, what kind
ὁκόσος, -η, -ον: as many as, as much as
ὁκότε: when
ὅκως: as, just as, how
ὅκωσπερ: just as
ὄλβος, ὁ: wealth
ὀλίγος, -η, -ον: few, little, small
ὄλλυμι: to destroy, make an end of
ὄμβρος, ὁ: a heavy rain
ὁμιλέω: to be in company, consort with
ὅμοιος, -η, -ον: like, similar, resembling
ὁμολογέω: to agree, allow, confess
ὄναρ, τό: a dream, vision
ὄνυξ, -υχος, ὁ: onyx
ὀπίσω: backwards, back
ὁπόθεν: whence, from what place

Glossary

ὄργιον, τό: a rite
ὄργυια, -ῆς, ἡ: a fathom
ὁρέω: to see
ὅρκιον, τό: an oath
ὄρνις, ὄρνιθος, ὁ: a bird
ὀροφή, ἡ: a roof, ceiling
ὀρρωδέω: to fear, dread
ὀρρωδίη, ἡ: terror, fear
ὁρτή, ἡ: a feast, holiday
ὅσιος, -η, -ον: pious, permitted by the gods
ὅστις, ὅτι: anyone who, anything which
ὅτι: that, because
οὐ: not
οὐδαμός, -ή, -όν: no one, nothing
οὐδείς, οὐδεμία, οὐδέν: no one
οὐκέτι: no more, no longer
οὖν: therefore
οὔνομα, -ματα, τό: a name
οὐρή, ἡ: the tail
οὖρος, -εος, τό: a mountain
οὔτε: and not
οὗτος, αὕτη, τοῦτο: this
οὕτως: this way
ὀφείλω: to owe, ought
ὀφθαλμός, ὁ: an eye
ὄφις, -εως, ὁ: a serpent, snake
ὀφρύη, ἡ: an eyebrow
ὄψις, -ιος, ἡ: an appearance, sight

Π π

πάθη, ἡ: a misfortune
πάθος, -εος, τό: an incident, occurrence
παῖς, παιδός, ὁ: a boy, child
πάλαι: long ago
παλαιός, -ή, -όν: old, ancient
πάμπαν: quite, wholly, altogether
πανήγυρις, -ιος, ἡ: an assembly, festival
πανηγυριστής, -οῦ, ὁ: one who attends an assembly
πάντῃ: every way, on every side

παρά: from (+ gen.); beside (+ dat.); to (+ acc.)
παραβώμιος, -ον: altar-attending
παράγω: to lead by, bring beside
παράκειμαι: to be available
παραμυθέομαι: to encourage, console
παραμυθίη, ἡ: encouragement, consolation
παρατίθημι: to put away, deposit
πάρειμι: to be present
παρέχω: to furnish, provide, supply
παρθένος, ἡ: a maiden, virgin
παρίστημι: to make to stand around
παρρησίη, ἡ: openness, frankness
πᾶς, πᾶσα, πᾶν: all, every, whole
πάσχω: to suffer
παταγέω: to clash, beat
πατήρ, ὁ: a father
πατρόθεν: from a father
πείθω: to win over, persuade
πειράω: to attempt, test, try
πέλαγος, -εος, τό: a sea
πέμπω: to send, dispatch
πένθος, -εος, τό: grief, sadness, sorrow
πέρηθεν: from beyond, from the far side
πέρην: on the other side, beyond
περί: concerning, about (+ gen.); about, around (+ acc.)
περιαλγέω: to be greatly pained
περιβάλλω: to throw around, embrace
περιδινέω: to whirl around
περίκειμαι: to lie around
περιμήκης: very large, huge
πέριξ: all around
περιστερή, ἡ: a pigeon, dove
περιφέρω: to carry round
πήρη, ἡ: a sack
πῆχυς, πήχεος, ὁ: a forearm
πῖλος, ὁ: a felt cap
πίπτω: to fall
πιστεύω: to trust, put faith in
πίστις, -ιος, ἡ: faith, assurance, trust
πιστός, -ή, όν: to be trusted, believable
πλεῖστος, -η, -ον: most, largest

Glossary

πλέω: to sail, float
πλῆθος, -εος, τό: a great number, crowd, multitude
πληθύς, -ύος, ἡ: a crowd, multitude, fullness
πλόκαμος, ὁ: a lock of hair
πλόος, ὁ: a sailing, voyage
πνοή, -ῆς, ἡ: a breeze, vapor
ποθέω: to long for, desire
ποιέω: to make, do
ποίημα, -ατος, τό: something make, a work
ποιητής, -οῦ, ὁ: one who makes
πόλις, -ιος, ἡ: a city
πολλάκις: many times, often
πολλοστός, -ή, -όν: the smallest, least
πολυειδής, -ές: of many kinds
πολύς, πολλή, πολύ: many, much
πολυτελής, -ές: very expensive, costly
πορφύρεος, -η, -ον: purple
πόσις, -ιος, ἡ: a drink
ποταμός, ὁ: a river, stream
πούς, ποδός, ὁ: a foot
πρέσβυς, ὁ: an old man
πρεσβύτερος, -η, -ον: older, elder
πρῆγμα, -ατος, τό: a deed, act, matter
πρῆσις, -ιος, ἡ: a selling, sale
πρήσσω: to make, do, act
πρίν: before
πρό: before
προάστειον, τό: a suburb
πρόγονος, ὁ: a stepson
πρόνηος, ὁ: a front hall
προξενέω: to manage, effect X (acc.) on Y (dat.)
προπύλαια, τά: an entrance, gateway
πρός: to (+ dat.)
προσβάλλω: to throw forth, cast
προσηλόω: to nail, fix
πρόσθε: before
προσφυής, -ές: attached to (+ dat.)
πρόσω: forwards
πρότερος, -η, -ον: before, earlier, former
πρότερος, -η, -ον: before, earlier, former
προφέρω: to bring before
προφήτης, ὁ: an interpreter
πρωθήβης, -ου: in the prime of youth
πρῶτος, -η, -ον: first, primary
πτέρυξ, -υγος, ἡ: a fin
πτῶσις, -ιος, ἡ: a fall, falling
πυνθάνομαι: to learn
πύργος, ὁ: a tower
πυργοφορέω: to carry a tower
πυρή, -ῆς, ἡ: a pyre, fire
πύρφορος, -ον: fire-bearing
πυρώδης, -ες: like fire, fiery

Ρ ρ

ῥηίδιος, -η, -ον: easy, ready
ῥητός, -ή, -όν: stated, specified
ῥίπτω: to throw, cast, hurl
ῥόος, ὁ: a stream, current

Σ σ

σάσσω: to load, fill
σαφής, -ές: clear, distinct
σειρή, ἡ: a cord, rope
σέλας, -αος, τό: a bright flame, blaze, light
σῆμα, -ατος, τό: a sign, mark, token
σημαίνω: to make a sign of, indicate, mark with a sign
σημεῖον, τό: a sign, a mark, symbol
σίνομαι: to do harm, hurt
σιτέω: to take food, eat
σκεῦος, -εος, τό: a vessel, vase
σκῆπτρον, τό: a staff, scepter
σκοπέω: to look at
σκορπίος, ὁ: a scorpion
σμάραγδος, ὁ: emerald
σμύρνα, ἡ: myrrh
σόος, -η, -ον: safe
σοφίη, ἡ: wisdom, skill

Glossary

σοφός, -ή, -όν: wise
σπένδω: to pour out an offering
σπεύδω: to urge on, hasten
σπονδηφορέω: to bear libations
σπουδή, ἡ: haste, speed
στεφανηφορέω: to wear a garland or crown
στέφω: to garland, crown, wreathe
στιγματηφορέω: to bear tattoo-marks
στίζω: to tattoo
στολή, ἡ: a equipment, dress
στρατιή, ἡ: an army
στῦλος, ὁ: a pillar
σύ, σου: you
συκοφάντης, -ου, ὁ: a false accuser, slanderer
συμβάλλω: to throw together, conjecture
σύμπας, -πασα, -παν: all together, all at once
συμφέρω: to bring together, gather
συμφορή, ἡ: an event, circumstance, misfortune
συναγείρω: to gather together, assemble
συνδέω: to bind together
σύνειμι: to be with, be together
σύννομος, ὁ: a partner
συνοικέω: to dwell together
συντυχίη, ἡ: an occurrence, event, incident
συριστής, -οῦ, ὁ: a piper
σῦς, συός, ὁ: a boar, pig
σφάζω: to slay, slaughter
σφέτερος, -η, -ον: their own, their
σφραγίς, -ῖδος, ἡ: a seal, signet, ring
σχέτλιος, -η, -ον: unwearying, unflinching
σῶμα, -ατος, τό: a body
σωτηρίη, ἡ: salvation, deliverance, safety
σωφρονέω: to be sound of mind, be prudent

T τ

τάμιας, -ου, ὁ: a steward, treasurer
τάμνω: to cut
ταῦρος, ὁ: a bull
ταφή, ἡ: a burial, funeral
τάχα: quickly, forthwith
τε: and (*postpositive*)
τεῖχος, -εος, τό: a wall
τελευτή, ἡ: a finishing, end, death
τελέω: to complete, accomplish, finish, perform
τέλος, -εος, τό: a completion, end
τέμενος, -εος, τό: a sacred precinct, dedicated land
τέμνω: to cut
τέως: so long, meanwhile
τηλόθεν: from afar
τιάρη, -εω, ὁ: a tiara
τίθημι: to set, put, place
τιμάω: to honor
τιμή, ἡ: honor
τίνω: to punish
τις, τι: someone, something (*indefinite*)
τίς, τί: who? which? (*interrogative*)
τίσις, -ιος, ἡ: recompense, retribution
τιτρώσκω: to wound
τλάω: to bear, suffer, undergo
τοιόσδε, -ήδε, -όνδε: such
τοιοῦτος, -αύτη, -οῦτο: such as this
τομή, ἡ: a cutting, castration
τοσόσδε, -ήδε, -όνδε: so much
τοσοῦτος, -αύτη, -οῦτο: so many, so much
τοὔνεκα: for that reason, therefore
τραῦμα, -ατος, τό: a wound
τρέπω: to turn, change
τρέφω: to raise, rear
τρηχύς, -εῖα, -ύ: rough, strong
τρία: three
τριάκοντα: thirty
τριακόσιοι, -αι, -α: three hundred
τρισσός, -ή: threefold

Glossary

Τροιζήνιος, -η, -ον: of Troezen
τρόμος, ὁ: a trembling, quivering
τρόπος, ὁ: a course, way
τρύχω: to consume, spend (time)
τυγχάνω: to hit upon, happen
τύμπανον, τό: a kettledrum
τύπτω: to beat, strike

Υ υ

ὑάκινθος, ὁ: hyacinth
ὑβρίζω: to outrage, insult
ὕβρις, -ιος, ἡ: wantonness, insolence
ὑβριστής, -οῦ, ὁ: an insolent man
ὑγιής, -ές: healthy
ὑδατώδης, -ες: watery, sea-colored
ὕδωρ, ὕδατος, τό: water
ὕπερθεν: from above
ὑπηγέομαι: to guide, lead, teach
ὑπήκοος, -ον: listening
ὑπισχνέομαι: to promise, undertake
ὕπνος, ὁ: sleep, slumber
ὑπό: from under, by (+ *gen.*); under (+ *dat.*); toward (+ *acc.*)
ὑποδέκομαι: to undertake
ὑποδύω: to put beneath
ὕστερος, -η, -ον: latter, last
ὑφίστημι: to place under
ὑψοῦ: aloft

Φ φ

φαίνω: to bring to light, show, reveal
φαλλός, ὁ: a phallus
φέγγος, -εος, τό: light, splendor
φείδομαι: to spare
φέρτρον, τό: a bier, litter
φέρω: to bear, carry, bring
φημι: to say
φθέγγομαι: to utter, speak
φθονέω: to begrudge, be jealous
φιλέω: to love
φιλίη, ἡ: affection, friendship

φίλος, ὁ: a friend
φόβος, ὁ: a fear
φοινικοβατέω: to climb palms
φοινίσσω: to make red
φοιτέω: to wander
φόνος, ὁ: murder, execution
φορέω: to bear, carry, wear
φρενοβλαβείη, ἡ: madness, folly
φρενοβλαβής, -ές: deranged, frantic
φρουρά, ἡ: a watch, guard
φρουρέω: to keep watch, guard
φυλάσσω: to keep watch, guard
φωνή, ἡ: a sound, tone

Χ χ

χάλκεος, -έη, -εον: of bronze, brazen
χαλκός, ὁ: bronze
χαμᾶζε: to the ground
χαμαί: on the ground
χαμοκοιτέω: to sleep on the ground
χαρίζω: to gratify, favor
χάσμα, -ατος, τό: a chasm, gulf
χείρ, χειρός, ἡ: a hand
χειροήθης, -ες: manageable, tame
χέω: to pour
χράομαι: to use
χρειώ: to want, need
χρή: it is necessary
χρῆμα, -ατος, τό: an object, matter, money
χρησμηγορέω: to utter oracles
χροιή, ἡ: a surface, appearance, color, skin
χρόνος, ὁ: time
χρύσεος, -η, -ον: golden, of gold
χρυσός, ὁ: gold
χρυσοφορέω: to wear golden ornaments
χώρη, ἡ: a place, space, land
χῶρος, ὁ: a ground, place

Glossary

Ψ ψ

ψαύω: to touch
ψεῦδος, -εος, τό: a falsehood, lie
ψεύδω: to lie, trick
ψυχή, ἡ: soul, life
ψυχρός, -ή, -όν: cold

Ω ω

ὧδε: so, thus
ὥρη, ἡ: a period of time, season
ὥρη, ἡ: care, concern
ὡς: *adv.* as, so, how; *conj.* that, in order that, since; *prep.* to (+ *acc.*); as if, as (+ *part.*); as ____ as possible (+ *superlative*)

NOTES:

NOTES:

NOTES:

www.ingramcontent.com/pod-product-compliance
Lightning Source LLC
Chambersburg PA
CBHW071703040426
42446CB00011B/1888